Hamburger Strich & Norbert Klugmann
Was nun, Huhn?!

Die uralte Geschichte zwischen Tier und Mensch ist
noch lange nicht auserzählt. Immer wieder gibt es neue Kapitel
zu entdecken, neue Geschichten, neue Trends, neue Vorlieben.
Mit dieser KJM Reihe feiern wir die Tiere.
WAS NUN, HUHN?!
ist der erste Band, weitere folgen alsbald.

Die Geschichten in diesem Buch
stammen von Norbert Klugmann,
die Cartoons von den Zeichnerinnen und Zeichnern
des Hamburger Strich.

Wir folgen den Fabeln des Äsop, der Kulturgeschichte,
der Kunst, den Märchen und den aktuellen Trends.

Texte, Bilder, Geschichten und Funde
aus vielfältigen Recherchen.
Alles rund um das jeweilige Tier. Und seine Menschen.
Erstaunlich, berührend und manchmal auch komisch.

Hamburger Strich &
Norbert Klugmann

Was nun, Huhn?!

Tiere, Menschen, Sensationen

KJM Buchverlag

Tiere, Menschen, Sensationen wird herausgegeben
von Klaas Jarchow, Eva Christiane Wetterer
und Tobias Schülert.

1. Auflage, Juli 2022
Copyright © 2022 Klaas Jarchow Media Buchverlag GmbH & Co. KG
Simrockstr. 9a, 22587 Hamburg
www.kjm-buchverlag.de
ISBN 978-3-96194-176-6

Herstellung und Gestaltung: Eberhard Delius, Berlin
Cover und Umschlag: Rothfos & Gabler, Hamburg
unter Verwendung von Bildmaterial von Tetsche (2), Miriam Wurster,
Bund Deutscher Rassegeflügelzüchter e. V., Tobias Schülert (3), Til Mette,
Karin Lurz, Dorthe Landschulz, Kai Flemming, Henning Christiansen
sowie der Wappen von Hildburghausen und Suhl
Korrektorat: Rainer Kolbe, Hamburg
Druck & Bindung: GCC Grafisches Centrum Cuno, Calbe
Alle Rechte vorbehalten

Mehr zu unseren Büchern:

Inhalt

Sprüche *10*

Nein. Kein Hahn! *13*

Wappenhühner *24*

Das Huhn als solches *26*

Sie haben die Eier eingesperrt *34*

Das Ei *42*

Das Huhn, das liest *52*

Elf Küken sollt ihr sein *68*

Krisensitzung im Hühnerhaus *80*

Der Hahn *92*

Veronika! Dein Schwan ist da *102*

Sprüche *110*

Huhn und Mensch *112*

Schwestern! Mithennen! Freundinnen! *124*

Tattoos *130*

Hertha – Nachruf auf eine Legende *136*

Weissagungen, Rituale   *144*

Das Fernsehen kommt   *150*

Das Huhn in der Kunst   *158*

Huhn und Hahn im Buch   *166*

Das zweite Leben   *172*

Huhn und Hahn im Buch   *178*

Sprüche   *182*

Hühnerrassen   *184*

Hühnerbücher   *192*

Hühnersuppe   *197*

Huhn und Hase   *198*

Autorinnen und Autoren   *200*

Quellen   *207*

Das Leben ist kein Tierfilm

Weil wir Hühner sind

Herthas Eier sind die größten

Einfach mal den Schnabel
halten!

Ich will Hühner sehen

Icke acke Hühnerkacke

Nicht jeder Hahn kann ein großer Hahn sein

Mit Hühnern
kann man nichts falsch machen

Große Klappe, wenig Hahn
dahinter

Die Philosophie des Pickens

„Ich bin geboren, um wild und frei zu leben"
Das Huhn

Hühner senken den Blutdruck

Wir feiern das Huhn

Nein. Kein Hahn!

Die Federlose betritt das Hennengelände am Ende des Gartens, wo früher die saure Wiese lag. In den längst vergangenen Zeiten begann ein Wasserbautechniker aus der Familie, Gräben anzulegen und die vernachlässigte Fläche in eine freundlichere Welt zu verwandeln. Die Gräser kamen raus, Muttererde wurde abgetragen, Sand kam hinein und darauf das Häuschen.

Als alle sich darauf freuten, dass hier künftig Hühner in einem kleinen Paradies leben würden, trat der Raubtierexperte der Familie auf und hielt ein Referat über die Natur von pfeilschnellen Mardern, klugen Katzen und streunenden Hunden.

Am Hühnerhaus wurden Tür und einziges Fenster gesichert, auch die Zäune erhielten mehr Stabilität.

Als alle sich freuten, mit diesen Maßnahmen drohende Massaker auf null reduziert zu haben, legte ein Vogel-Experte nach. Habicht, Bussard, Sperber und Eule greifen geräuschlos an und das – wenig überraschend – von oben. Der Luftraum ist für sie eine Einladung. Nach einem weiteren Wochenende Arbeit war der Hühnerhof in drei Metern Höhe rundherum durch Maschendraht geschützt.

Die Kinder wollten endlich Küken sehen, die Fütterfrau wollte endlich betütern und ihre mütterlichen Gefühle ausleben.

Seit einem halben Jahr beherbergt der Hühnerhof nun Prachtexemplare, bisher gab es keine Verluste durch Luftangriffe. Verschiedene Vögel mit mächtigen Schnäbeln und messerscharfen Krallen peilten in den ersten Tagen die Lage, bevor sie sich wieder mit Beute versorgten, die nicht hermetisch geschützt war.

Die Grundausstattung bestand aus sechs Hennen und Hahn Roderich. Der legte sich mächtig ins Zeug, weil er gleich zu Anfang zeigen wollte, was man an ihm hatte. Die erste Brut lieferte zehn Küken, zwei davon verschwanden spurlos. Kurz darauf fand man Hinweise auf Ratten, die sich unter dem Zaun durchgewühlt hatten. In einem Wutanfall erschlug die Fütterfrau in der Abenddämmerung mit der Schaufel eine vermeintliche Ratte, die sich als Nachbars kleine Katze herausstellte. Dieses Ereignis hielt sie vor ihrem Mann geheim und erst recht vor den Kindern. Aber die Hühner haben es beobachtet. Seitdem mögen sie die Federlose noch lieber. Als Huhn kannst du nie genug Verbündete haben.

Hahn Roderich steht der Federlosen im Weg. Sie hat sich angewöhnt, ihn mit dem Holzschuh aus dem Weg zu schieben. Roderich mag diese Bewegung. Der Schwung befördert ihn in die Luft, dadurch kommt Wind unter seine Flügel, und jedes Mal denkt er dann, er würde zu einem Flug in den Stadtpark oder rund um die Welt aufbrechen, je nach Tagesform.

Dann sind die fremden Federlosen da. Roderich sieht, wie sie einen großen Korb abstellen. Die große fremde Federlose und zwei kleinere Exemplare sehen sich neugierig auf dem Hof um. Unter den Hühnern entsteht Bewegung. Einige sind besorgt, einige bleiben gelassen. Die kleinen Federlosen versuchen, die Vögel zu zählen. Aber die Hühner stehen nicht still, selbst wenn sie dazu aufgefordert werden.

»Die sind ja sehr lebendig«, sagt die fremde Frau.

»Sie spüren, dass etwas bevorsteht«, entgegnet die allseits beliebte heimische Federlose.

»Das gibt sich also?«

»Was?«

»Dieses Durcheinander. Das ständige Hin und Her.«

»Gute Frau, das sind keine Schildkröten.«

Die Fremde ruft den Kindern zu: »Habt ihr mal an Schildkröten gedacht?«

»Ganz kurz«, antwortet der Junge. Er ist der ältere, sechs mag er sein, seine Schwester ein Jahr jünger. Wie verzaubert steht sie mitten im Hof. Sie unternimmt keinen Versuch, ein Huhn zu streicheln. Sie ist glücklich.

»Schildkröten sind blöd«, sagt der Junge. »Die sind für alte Leute.«

»Wir haben lange darüber diskutiert«, berichtet die Fremde.

»Besitzen Sie Land?«

»Einen Garten, nicht so groß wie Ihrer. Aber wir haben Freunde, die sich auskennen. Die sagen: Es wird gehen. Wenn nicht, kommt das Gelump eben wieder weg.«

»Welches Gelump?«

»Das Haus für die Hühner, die Einrichtung, die Schlafplätze, Nester. Wir haben viel investiert. Wenn noch ein Fernseher drin wäre, könnten wir das bei Airbnb anbieten.«

»Aber es ist Ihnen ernst?«

Die Fremde nickt ohne Begeisterung. »Die Kinder sind verrückt nach Hühnern. Mein Gatte sagt, wenn für uns schon ein paar Hühner ein Problem darstellen, brauchen wir über den geplanten Hausbau gar nicht weiter nachzudenken. Also, das richtige Haus, das für uns. Ich sehe gar keine Kinder? Sind wahrscheinlich beim Hockey. Oder in der Musikschule.«

»Wir haben keine Kinder. Na ja, oder eins.«

»Was denn nun?«

»Eins. Ist schon älter. Siebzehn. Ist in der Ausbildung. Goldschmiedin.«

»Ach du meine Güte.«

»War für alle eine Überraschung.«

»Wie kommt man denn auf sowas? Na ja, immerhin will sie nicht Astronautin werden.« Sie zögert und sagt dann doch: »Aber wenn es keine Kinder gibt, warum hängen Sie sich dann Hühner ans Bein? Und nicht gerade wenige.«

»Die sind meins. Meine Leidenschaft.«

»Sie haben eine Leidenschaft für Hühner?«

»Aber ja. Pure Medizin. Freundlich, berechenbar. Sie freuen sich, dass es mich gibt. Ich freue mich, dass ich sie versorgen kann. Hühner senken den Blutdruck.«

»Sieht das Ihr Arzt auch so?«

»Absolut.«

»Homöopath?«

»Echte Wissenschaft. Aber ich habe auch eine Homöopathin, damit ich gegen Notfälle geschützt bin, wenn es mal dicke kommt.«

Die Fremde tritt einen Schritt zurück, die Luft liegt voller unausgesprochener Worte. Die Fremde sagt: »Wir fangen klein an und stocken dann langsam auf.«

»In der Mail sagten Sie: fünf Hühner, kein Hahn. Haben Sie noch einmal darüber nachgedacht?«

»Ja, es bleibt dabei. Kein Hahn. Ich will nicht noch einen Mann im Haus haben.«

»Für die Dynamik und den Frieden in der Hühnergruppe ist ein Hahn vorteilhaft. Das innere Gleichgewicht bleibt stabiler, wenn ein Hahn dabei ist. Sollte man gar nicht denken, aber bei den Hühnern sorgen Hähne für ein besseres Gruppenleben.«

Die Fremde lacht unfroh. »Inneres Gleichgewicht! Das habe ich früher auch mal gedacht, also nicht bei Hühnern. Bei uns hat es schon nicht geklappt. Ich will mich nicht auch noch über einen richtigen Hahn ärgern müssen.«

»Denken Sie darüber nach. Alle Erfahrungsberichte sagen: Hahn kommt gut.«

Der Junge hat sich zu ihnen gesellt. »Meine Mutter hat Angst, dass uns die Hühner auf der Nase herumtanzen.«

»Und du hast keine Angst?«

»Ich bin fast sieben. Angst ist was für Babys. Ich werde mit den Hühnern experimentieren.«

»Aber hoffentlich keine Operationen?«

»Erstmal nicht. Zuerst Verhaltenstraining. Gucken, was bei Hühnern geht. Wie dumm sie sind, wo ich sie optimieren kann.«

»Paul ist der Wissenschaftler in der Familie«, sagt die Fremde und zerwuschelt seine Haare. Er nimmt das ohne Begeisterung hin. Danach ordnet er seine Haare in aller Ruhe. Dieses Spiel wird nicht zum ersten Mal gespielt. »Wie alt, sagtest du, bist du?«, fragt die heimische Federlose.

»Genauso alt wie bei der letzten Frage. Sechs. Wenn ich sieben bin, starte ich durch.«

»Keine Elektroschocks«, sagt seine Mutter ohne Strenge. Und zur Federlosen: »Nicht dass Sie denken, Ihre Lieblinge landen in einem Labor.«

»Ist doch schön, wenn ein Kind wissbegierig ist.«

Die Fremde lacht, als würde sie es besser wissen.

Das kleine Mädchen hockt mittlerweile von den Hühnern umringt im Hof. Vorsichtig streckt sie ihren Arm aus. Noch immer versucht sie nicht, eines der Hühner anzufassen. Sie beobachtet nur selig und vollkommen ernst. Der Junge sieht zu ihr hinüber und sagt: »Sie teste ich bei der Gelegenheit gleich mit.«

»Die Hühner werden es gut bei euch haben«, sagt die federlose Herrscherin über den Hühnerhof.

»Mein Vater sagt: Vertrauen gegen Vertrauen. Solange wir das Interesse an den Hühnern behalten und einen Teil der Arbeit machen, ist alles in Ordnung.«

Die fremde Frau lacht erneut unglücklich. »Mein Mann redet mit ihm wie mit einem Erwachsenen. Er versteht nicht, dass man einem Kind nicht trauen kann.«

Roderich steht mit zwei Glucken neben dem Haus. »Das wird diesmal ein kleiner Abschied«, sagt er.

»Unsere Federlose mag die Fremde nicht, sie will sie schnell loswerden. Aber die Kinder mag sie, die will sie nicht enttäuschen.«

»So sind sie«, sagt Roderich und lässt ein Muskelzucken durchs Gefieder laufen. »Einerseits vernünftig, andererseits verführbar. Das alte Lied. Sie könnten von uns lernen, aber dafür sind sie sich zu fein.«

»Kein Drama«, sagt eine Henne. »Ab und zu müssen sich einige von uns verabschieden. Passiert heute ja nicht zum ersten Mal. Das ist unsere Bestimmung. Wir können es uns nicht aussuchen.«

»Lauf hin, spring den Kindern ins Gesicht, flattere wie wild. Dann bist du sofort aus dem Rennen.«

»So funktioniert das nicht bei uns, das weißt du. Wir sind Hühner. Die Chaoten stehen da vorne.«

»War es euch in der letzten Zeit zu voll hier?«

»Wie sollte es! Im Gegensatz zu gewissen Mitbewohnern haben wir ein enges Verhältnis zum Nachwuchs.«

»Ich weiß, ich weiß. Ihr seid fit in der Liebe zur Kreatur. Ich bin mehr der Überflieger, gefühlsmäßig und auch sonst.«

Beide Hennen lachen.

»Ich fliege gut«, sagt Roderich energisch. »Ich komme nicht oft dazu, aber ich fliege gut.«

Spöttisch bestätigen sie ihm, dass er ein Meister im Luftkampf ist, speziell im Kampf gegen die Schwerkraft. Roderich ist schon oft geflogen, wenn auch nie weit. Es gibt Videos davon. Was Roderich da praktizierte, sah mehr nach einer missglückten Turnkür als nach einem fliegenden Vogel aus.

Er weiß, dass die kleineren asiatischen Rassen darin besser sind. Dafür sind sie Ausfälle im Eierlegen. Und in ihren farbenfrohen Anzügen sehen sie aus wie Eintänzer im Varieté. So nennt es der Mann der Federlosen.

Wenn fremde Federlose erscheinen, um einen Teil der Einwohnerinnen einzupacken und mitzunehmen, liegt Wehmut über dem Hof. Keine Trauer, dazu wissen die Hühner zu gut, wie der Hase in ihrer Welt läuft. Sie wissen auch, dass die große Mehrheit ihrer Artgenossen es auf eine Lebensdauer von lumpigen acht Wochen bringt, bevor der Henker kommt. Das Huhn als solches hat nichts zu lachen und keine Ansprüche zu stellen. Hier im Hof aber haben es alle gut getroffen, ihr Alltag ist frei von Sorgen, und auch über die Verpflegung gibt es nichts zu meckern. Durch die lebendige Beute, die sie auf der Nachbarwiese machen, erleben sie sogar eine gewisse Nähe zum wahren Leben. Einmal flog ein Huhn über alle Zäune und Grenzen hinweg und wurde nie mehr gesehen. Es war ein Halbstarkes, es hatte sein Leben noch vor sich. Alle im Hof wünschten ihm das Beste. Niemand glaubt ernsthaft, dass es die ersten Tage überlebt hat.

Die Nacht ist der größte Feind des Huhns. In der Nacht ist es wehrlos, denn da sind die Jäger unterwegs. Bei Dunkelheit geht keine Kreatur nach draußen, die sich ihrer Sache nicht vollkommen sicher ist. Das Hühnerhaus ist die Festung der Hühner, die Federlose ist ihre Leibwächterin. Einmal hat sie ihre Familie allein auf eine Urlaubsreise geschickt, weil sie es nicht übers Herz brachte, die Hühner fremder Pflege anzuvertrauen.

Die Federlosen sind eine zwiespältige Rasse. Die Hälfte kannst du vergessen, von ihr hast du als Huhn nichts zu erwarten. Regelmäßige Fütterung, zuverlässige Säuberung, Instandhaltung des Zauns, prüfender Blick in die Augen und aufs Gefieder – nicht mit dieser Hälfte. Du könntest vor ihren Augen verrecken, am Abend haben sie das vergessen. Das Wort Verlust kommt bei ihnen nicht vor. Ist ja nur ein Huhn. Wäre es eine Katze oder das Königstier: die dummen japsenden Köter, dann heulen sie und klappern mit den Zähnen. Angeblich gibt es sogar eigene Friedhöfe für diese Glückspilze.

Fünf Hühner werden eingepackt. Das kleine Mädchen leidet, weil es zwischen allen Stühlen sitzt. Sie darf die Hühner in ihr Zuhause mitnehmen – wie schön. Aber dazu muss sie sie aus ihrer Familie und ihrem Dorf herausreißen – wie furchtbar. Roderich sieht sich alles aus sicherer Entfernung an. Er weiß, wie man sich verhalten muss, um keinen nachhaltigen Eindruck zu hinterlassen. Dass bloß niemand in letzter Sekunde auf falsche Gedanken kommt. Er ist für das Leben in einem fremden Hühnerstaat nicht geeignet:

zu alt, zu bequem, zu selbstbewusst. Er hat keine Lust, sich an ein neues Umfeld zu gewöhnen. Natürlich ist die Aussicht auf ein Leben als Ernährer und Weitergeber von neuem Leben nichts, wofür man sich schämen muss. Aber er weiß, was er hier hat. Er weiß nicht, was er bekäme. Es kann klappen, er könnte sich verbessern. Aber er kann auch in der Hahnenhölle landen.

Die zwei Federlosen werden keine Freundinnen mehr. Geld wechselt den Besitzer. Im letzten Augenblick sind die Hühner etwas wert. Bis dahin galten sie monatelang als bloße »Kostenfaktoren« (Zitat Hahn der Federlosen).

Als die Fremden mit dem Korb und seinen Bewohnerinnen den Hof verlassen, lenkt die Glucke ihren Nachwuchs behutsam ab. Sie will sich drängende Fragen ersparen. Manchmal ist ein Hühnerschicksal nicht vergnügungssteuerpflichtig.

Suhl

Lkr. Hildburghausen

Bad Bocklet

Aschbach

Finsterhennen

Domsure

Kaltennordheim

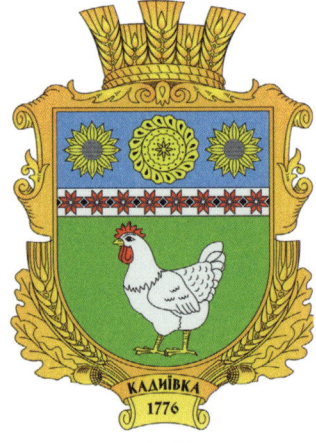

Kadyivka

Ilm-Kreis

Schmalkalden-Meiningen

Henndorf

Wartburgkreis

Willmars

Wappen der Grafen von Henneberg

Wallenhorst

Grafsch. Henneberg

Opdam

Familie Huhn

Das Huhn

Das Haushuhn (Gallus gallus domesticus) ist eine Zuchtform des Bankiva-huhns, eines Wildhuhns aus Südostasien. Es gehört zur Familie der Fasa-nenartigen (Phasianidae).

In Mitteleuropa werden seit der frühen Eisenzeit Hühner gehalten. Die liefen nicht frei herum, sondern hatten einen Stall, da sie ausgesprochen flugfähig waren.

Das Haushuhn ist das häufigste Haustier des Menschen. Die Domesti-zierung begann weit vor Christi Geburt, wie Knochenfunde aus der Jung-steinzeit belegen. Die Haushühner können im Jahr ca. 250 bis 300 Eier legen, wenn ihnen das gelegte Ei weggenommen wird.

Weltbestand der Hühner

Der durchschnittliche tägliche Weltbestand wird auf mehr als 33 Milliarden Tiere geschätzt. Die Zahl der jährlich geschlachteten Haushühner liegt deut-lich darüber und beträgt ca. 66 Milliarden, da die Hühner von heute in we-nigen Wochen ihr Schlachtgewicht erreichen.

Hühner sind schlau

Hühner sind schlau. Sie verstehen unter anderem, dass kürzlich versteckte Gegenstände noch vorhanden sind, können sich an Vergangenes erinnern, Entscheidungen treffen, lernen und folgern.

Küken können kleine Additions- und Subtraktionsaufgaben lösen.

Hühner haben in Bezug auf ihr flexibles Verhalten und ihre Lernfähigkeit ähnliche Fähigkeiten wie Krähen, die als ausgesprochen intelligent gelten.

Der Hahn und die Leithenne

Der Hahn ist der unangetastete Chef der Hühnerherde. Er ist da, wenn es Streit gibt und hat die Hennen im Griff. Sein Selbstbewusstsein ist durch nichts zu erschüttern. Ist eine Herde ohne Hahn, tritt oft eine Wächterin an seine Stelle, beschützt und achtet auf die anderen. Die Leithenne steht generell an oberster Stelle der Hackordnung. Sie überzeugt durch ihre Kraft, Gesundheit und Klugheit.

Die Hühner leben in Gruppen mit strenger Hierarchie, die durch Hacken erreicht wird. Werden mehrere fremde Hühner in ein Gehege gesperrt, beginnt sofort der Kampf um die Stellung in der Gruppe. Das Ergebnis ist die Hackordnung. Die Leithenne, das Alphahuhn, kontrolliert ab sofort das Verhalten aller anderen Gruppenmitglieder. Ihr Drohen reicht, um ein Huhn zur Ordnung zu rufen.

Hühner gackern mit ihren ungeborenen Küken

Ähnlich wie schwangere Frauen, die mit ihren ungeborenen Babys im Mutterleib sprechen, knüpfen auch werdende Mutterhennen schon frühzeitig Kontakt zu ihren Küken und bringen ihnen Laute bei, noch bevor sie aus dem Ei schlüpfen.

Echte Persönlichkeiten

Bei den Hühnern gibt es, ebenso wie bei den Menschen verschiedene Charaktere. Es gibt die Zicken, die den anderen Hühnern die Körner energisch wegpicken und die auch sonst aggressiv sind. Futterneidisch sind alle, nur nicht so kämpferisch wie die Zicken. Dann gibt es die treuen Seelen, die den Menschen auf Schritt und Tritt folgen. Das sind oft die rangniedrigsten Tiere. Und die Normalos gibt es auch. Sie sind pflegeleicht, Streit ist selten und wenn, dann nur mit einem Huhn, das lediglich einen Rang höher ist als sie selbst. Es gibt Hennen, die sich einem Hahn immer entziehen und nicht getreten (begattet) werden wollen. Das ist oft diejenige, die ihn liebend gern ersetzen würde.

Die Sprache der Hühner

Gack-ack-ack ackack-ack
„Ich habe ein Ei gelegt!"

Ist das Huhn verängstigt, stößt es kurze Laute aus. Wenn die Gefahr vorüber ist, wird das Gackern rhythmischer.

Auch das Legegackern hört sich so an. Nach der Legung wir die Herde damit gesucht. Der Hahn kommt in vielen Fällen der gackernden Henne entgegen, um sie zurück zur Herde zu führen.

Gakeln
„Ich bekomme ein Ei! Genau hier will ich legen! Weg da!"

Die Henne drückt so ihre Legebereitschaft aus. Ist das Nest von einer ranghöheren Henne belegt, gakelt sie eine Weile in der Nähe des Nestes, bis es frei wird.

Wehlaute
„Du kleines Sumpfhuhn, beiß mich nie wieder! Verstanden?"

Wird das Huhn von Menschen oder Tieren gepackt, schreit es gellend. Hähne und Hennen eilen dann oft zur Hilfe.

Wird ein Huhn von einem stärkeren Huhn gehackt oder gebissen, stößt es einen moderat lauten Ton oder Schrei aus.

Tuck tuck tuck
„Hallo, ihr Schönen! Es gibt Körner für euch!"

Glucken rufen ihre Küken auf die gleiche Weise.

Tuck-tuck-Trick
„Hier gibt es köstliche Körner. Schau mal …!"

Es passiert oft, dass ein Hahn mit Absicht falsche Fährten legt. An beliebigen Stellen täuscht er Futter vor. Kommt eine Henne, packt er sie, um sich zu paaren.

„Ääk", „agack" oder „eckeck"
„Steh sofort auf, sonst mache ich Geflügelwurst aus dir!"

Langgezogen und schwingend klingende Drohlaute. Es ist die entschiedene Aufforderung, Platz zu machen. Klappt das nicht, hackt der Stärkere.

Kollern

„Ich bin so toll! Ich bin der Stärkste! Äh …"

Das Kollern des Hahnes verstärkt den Kratzfuß. Kollern ist eine Selbstbewusstseinsäußerung, die in der Nähe eines Stärkeren sofort unterbleibt.

Krähen

„Ich bin der Sieger, du Zwerghuhn!"

Der Hahnenschrei ist ein Signal für Stärke und Selbstsicherheit. Vor Hahnenkämpfen wird natürlich heftig gekräht. Alle sind künftige Sieger in dem Moment. Ist in einer Gruppe kein Hahn, können auch die hochrangigen Althennen krähen.

Wer legt welche Farbe? – Die Farben der Eier

Weiß legt unter anderem Altenglisches Fasanenhuhn, Ancona, Andalusier, Appenzeller Barthuhn, Appenzeller Spitzhaube, Bergischer Schlotterkamm, Brabanter, Brakel, Breda, Deutscher Sperber, Dorking, Friesenhuhn, Hamburger, Holländer Haubenhuhn, Italiener, Kastilianer, Lakenfelder Huhn, Legbar, Leghorn, Minorka, Ostfriesische Möwe, Paduaner, Redcaps, Sandschack Kräher, Sumatra, Westfälischer Totleger

Gelblich legt Altenglische Kämpfer, Annaberger Haubenstrupphuhn, Cubalaya, Deutsches Lachshuhn, Kraienkopp, Onagadori, Phönix, Vorwerkhuhn

Gelb legt Orpington, Plymouth Rock, Sussex

Elfenbein legt Altsteirer, Mechelner

Blau/Blaugrün Legt Ameraucana, Legbar

Hellbraun legt Australorp, Bohus-Dal Schwarzhuhn, Dresdner, Nackthalshuhn, Orloff, Posawien-Haubenhuhn, Schwedisches Schwarzhuhn, Seidenhuhn

Dunkelbraun legt Barnevelder, Croad-Langschan, Welsumer

Braun legt Bielefelder Kennhuhn, Jersey Giant, New Hampshire, Rheinländer, Shamo, Sundheimer

Cremefarbig legt Assendelfter Huhn, Dominikaner, Legbar, Schweizerhuhn, Sulmtaler, Tschechisches Huhn

Gelbbraun legt Amrock, Brahma, Cochin, Deutsches Langschan, Nieder-
rheiner, Wyandotte
Rahmgelb legt Deutsches Reichshuhn
Rotbraun legt Empordanesa, Marans
Olive legt Legbar
Rosa legt La Flèche
Grün legt Araucana
Dunkelgrau legt Thüringer Barthuhn

Brutstätte Vulkan

Hühner brüten ihre Eier selbst aus? Ausnahmen bestätigen die Regel! Eine
der Großfußhühner-Arten verscharrt ihre Eier und lässt sie von vulkanischer
Wärme ausbrüten, genannt wird sie „Vulkanhuhn" oder auch „Bismarck-
huhn". Diesen Namen erhielt das schwarz-braune Huhn während der deutschen Kolonialzeit von 1884 bis 1918.

Auf der Insel Neubritannien vor Papua-Neuguinea legt das Großhuhn Eier
in den warmen Vulkansand des Mount Tavurvur, einen der aktivsten Vulkane
der Erde. Die Eier werden bis zu zwei Meter tief verbuddelt. Dabei wird die
Wärme immer wieder mit dem Schnabel geprüft, der wie ein Thermometer
Temperaturen erkennt. Die Eier werden bei exakt 33 Grad abgelegt. Die
warme Erde ist der ideale Brutofen für die Eier, und wenn die Küken schlüpfen, sind sie als Nestflüchter bereits fit und bereit für den Aufstieg ins Freie.

Sie haben die Eier eingesperrt

Ursprünglich war der Freiluftstall hinter dem Ulmen-Haus mit sechs Bewohnern besiedelt. Fünf Hennen der Rasse Rheinländer und ein Hahn. Ende der ersten Woche waren es acht. Mutter Käsemann, die in ihre neue Seniorenwohnung umzog, hatte heimlich zwei Rhodeländer aus ihrem Siedlungshaus mitgenommen. Das Geheimnis war gelüftet worden, als die Nachbarwohnung von den erwachsenen Kindern eines alten Herrn besichtigt worden war. Im Treppenhaus hatte die Frau geschnüffelt. Sie neigte zu einer öffentlichen Form des Schnüffelns, demonstrativ, mit hochgelegter Nase und stoßartig eingezogener Luft, die jeden Menschen an einen Notfall im Bereich von Herz und Lunge denken lässt. »Hier gibt es Hühner.« Sie ging einmal im Kreis, legte ihre Nase an die Tür von Mutter Käsemann und sagte zufrieden: »Hab ich dich.«

So wurde die arme Käsemann ihre letzten Hühner los, sie landeten im funkelnagelneuen Hühnerhaus der Ulmens, die damit ihren Ruf als »Notfallstation« weghatten. Zuerst dachten die arglosen Hühnerfreunde noch, dass sich das Missverständnis schnell aufklären lassen würde. Ein Vierteljahr später war man bei 22 Hühnern angelangt plus zwei Hähne plus eine Ringeltaube, bei der es sich um einen Transgender-Notfall handelte. Alle Hühner legten fast jeden Tag ein Ei, bis auf die Ringeltaube, die daraufhin eine Identitätskrise durchmachte, die sich nach einem von niemandem beobachteten Missverständnis mit einem der Hähne zu veritabler Hysterie steigerte.

Hertha BSC hieß so, weil sie eine größere Zahl von Küken zur Welt gebracht hat als der gleichnamige Fußballverein in drei Spielzeiten zusammengenommen an Toren erzielte. Sie wies auch optisch alle Merkmale von Mütterlichkeit auf: dick, gemütlich, streng, aber herzensgut. Unerwartet hielt die Hühnerfrau Hertha ein Bild vor den Schnabel.

»Guck, Hertha! Wir haben eine Lösung für unser Eierproblem gefunden.« Beim morgendlichen Einsammeln hatte Hertha mitbekommen, dass die vielen Eier nicht mehr so vorbehaltlos bejubelt wurden wie in der Anfangszeit der Hühnerrepublik. Hertha konnte an zahlreichen Eiern nichts Schlechtes finden. Ohne Ei kein Huhn, ohne Huhn kein Ei. Du kannst das eine nicht ohne das andere haben.

Wenn die Federlosen nicht damit klarkamen, siebenmal in der Woche 20 Eier zu verwerten, zeigte das, wie weit sie sich von ihrer Natur entfernt haben. In ihrem früheren Zuhause war Hertha nicht entgangen, dass die Federlosen problemlos mit ihren Autos und diesen neuartigen Fahrrädern klarkamen, mit denen sie ihren Nachwuchs durch den Alltag beförderten. Wenn Federlose Freude ausdrückten, redeten sie in neuneinhalb von zehn Fällen über tote Geräte, die sie angeblich brauchten, um ein erfülltes Leben zu führen: Kästen, aus denen Musik herausdrang, und ein angeblich absolut unverzichtbares Gerät, das einen blitzschnell informiert, wenn in Australien ein Känguru stolpert oder in Sibirien ein Schneemann umfällt.

Was daran aufregender sein soll als ein taufrisches Ei im Nest, wird sich Hertha nie erschließen. Sie lebt für ihre Eier. Natürlich lebt sie besonders für ihre Küken, aber zwischen zwei Begegnungen mit dem Hahn bleiben immer einige Wochen, in denen das Ei an und für sich im Mittelpunkt von Herthas Alltag steht. Hennen leben für Eier. Wenn die Federlosen angeblich Hennen lieben, bekommen sie Gegenliebe nur inklusive unermüdlicher Eierproduktion. Eine Henne, die keine Eier legt, ist wie ein Haus ohne Dach. Oder ohne Fenster und Türen.

»Hey! Du hast gar nicht richtig hingeguckt!« Mit dem Bild in der Hand lief die Federlose Hertha hinterher. Notgedrungen sah sie noch einmal hin. Was man nicht alles um des lieben Friedens willen macht. Ein Kasten wohl. Oder ein Karton, ein Schrank mit Fächern. Was man so sieht, wenn einen das Hühnerleben auf ein Fensterbrett verschlägt, von dem aus man ins Haus der Federlosen hineinblicken kann. Massenhaft Geräte, vor denen nicht selten ein Federloser sitzt. Auch die Küken der Federlosen liegen oft vor diesen Kisten.

Als sich Hertha plötzlich auf dem Arm der Hühnerfrau wiederfand, wunderte sie sich doch. Ihr erster Gedanke war: Adieu Welt! Aber sie war Hertha, die Glucke. In bester Lege- und Brütform, auch die Hähne sagten nur Gutes über sie. Das war keines der drei Lieblingsargumente von Hertha. Aber es konnte nicht schaden, es für Notfälle parat zu haben. Vermehrung ist ein

Thema, dass die Federlosen interessiert: die Vermehrung der Hühner und wohl auch ihre eigene, obwohl Hertha Mühe hat, dafür Interesse aufzubringen. Erst endlose Brut! Danach monatelang hilflose Küken, laut und vollgeschissen! Und dann brauchen sie ein halbes Leben, um Fähigkeiten zu erlernen, die ein Küken in wenigen Wochen erlernt.

Dann standen sie vor dem Etwas, Hertha immer noch auf dem Arm der Hühnerfrau. Die legte gern eine Hand auf Herthas Rücken. Das gefiel beiden. Der Schreck kam unerwartet und war heftig: Sie hatten die Eier eingesperrt! Die Federlosen hatten schäbige Gefängnisse für formschöne Eier konstruiert, die so farbenfroh sein können: weiß, braun, dunkelbraun, grün!

Hertha fröstelte es. Dafür hatte sie sich ein Leben lang krummgelegt! Nach Herthas Legerhythmus konnte man die Uhr stellen. Hertha war ein Vorbild für alle Hennen. Wie Hertha sein – das antworten Küken, wenn man sie fragt, was das Ziel ihres Lebens sei. Wie Hertha sein.

Plötzlich verstärkte sich der Druck der Hand. »Jetzt pass auf«, flüsterte die Federlose.

Zwei weitere Federlose trotteten herbei oder latschten. Jeder Federlose hat eine eigene Art der Fortbewegung, an der man ihn erkennen kann. Denn im Gesicht sehen sie fast identisch aus: alles am selben Platz, wenn es Unterschiede gibt, sind sie klein und zu vernachlässigen. Bis auf ihre Nasen, die sind immer viel zu groß und wirken nie elegant. Wenn sie angeblich so wichtig für die Federlosen sind, hätte man sie auch am Rand anbringen können. So ein Gesicht ist sehr groß. Manches Huhn, das in einer Legefabrik lebt, hat weniger Platz als Auslauf zur Verfügung. Hertha hegte Zweifel, ob das vorherrschende Federlosen-Modell das Nonplusultra ist. »Ja, Wahnsinn«, sagte der Federlose mit der dunklen Stimme, wohl der Hahn. Er betastete den Eierknast, strich mit der Hand darüber und die fremde Federlose sagte: »Ist es das, was ich hoffe?«

Plötzlich saß Hertha auf ausgestreckten Armen der Hühnerfrau den Fremden fast auf der Brust. Das ging zu weit. So gut kannte man sich nicht.

»Bedanken Sie sich bei unserer Hertha«, sagte die Hühnerfrau so stolz, als habe sie selbst gelegt. »Sie ist unser bestes Pferd im Stall.«

Hertha verstand Bahnhof.

»Nach Hertha können Sie die Uhr stellen. Jeden Tag ein Ei, immer morgens. Ich habe die anderen im Verdacht, dass sie sich an Hertha orientieren. Wir haben doch jetzt schon zwanzig Hühner«, fuhr die Hühnerfrau fort. »Mittlerweile kommen uns die Eier zu den Ohren raus.«

Hertha dachte: Das habe ich nicht gehört! Das ist nie gesagt worden!

»Verstehe«, sagte der dunkle Fremde. »Entweder gibt's jetzt drei Wochen hintereinander Chickenwings, bis die Zahl im Stall wieder stimmt. Oder das hier.«

Die Fremden waren begeistert von dem Gefängnis mit den Eiern. Hertha kapierte, dass die Federlosen mehr wussten als sie.

Der dunkle Federlose sagte: »Ich vermisse die Preisliste.«

»Das ist nicht nötig«, sagte die Hühnerfrau. »Wir machen das nur für die Nachbarschaft.«

»Aber Sie verschenken die Eier nicht!«, sagte der Dunkle streng. »Das wäre nicht kaufmännisch. Was verlangen Sie? Einen Euro pro Ei?«

»Das sind doch keine Goldeier«, protestierte die hellere Fremde und knuffte ihn in die Seite.

»Wie wärs mit 50?«, sagte die Hühnerfrau. »50 Cent. Weil sie so frisch sind. Frischer als in jedem Supermarkt. Sogar frischer als auf dem Wochenmarkt.«

»Gekauft«, sagte der Dunkle. »Meine Holde bezahlt.«

Er öffnete die Kiste, Hertha wich zurück. Damit hatte sie nicht gerechnet! Ein Gefängnis mit offenen Türen! Frische Luft für frische Eier. Er nahm ein Ei heraus, hielt es sich an die Wange. »Eiskalt. Das nennen Sie frisch?«

Hertha verging vor Scham.

Alle Federlosen lachten. Die Fremden nahmen vier Eier heraus und die Hühnerfrau hinderte sie nicht daran. Da! Das war Herthas jüngster Geniestreich! Unverkennbar. Perfekte Form, makelloses Weiß und den entscheidenden Tick größer als alle anderen. Herthas Eier hatten alles, was den Unterschied ausmacht. Ihr Gefieder sträubte sich. Was für ein Tag! Sie durfte Zeugin werden, wie ihre Eier bei den Federlosen Freude erzeugten. Sie fühlte sich reich beschenkt.

Sie hatte nicht gewusst, was das für ein Gefühl ist, wenn du dich als Huhn an dem Ort aufhältst, an dem sich im selben Moment dieses unvergessliche Ereignis abspielt. Ein Stück Weltgeschichte! Herthas Ei macht Federlose glücklich! Die Federlosen konnten ihre jahrhundertelange Suche nach dem Sinn des Lebens einstellen. Der Sinn spielte sich in diesem Moment vor ihren Augen ab.

Das mussten sofort alle erfahren! Die ganze Welt musste es wissen und der nächste Hühnerhof auch.

»Was ist denn auf einmal mit unserer Hertha los? Das Mädchen ist ja außer Rand und Band.«

Einige Hennen waren beeindruckt, andere amüsierten sich. Angeblich wussten sie seit langem, was mit ihren Eiern passiert.

»Ja, aber das war nur Hörensagen!«, rief Hertha aufgeregt. »Ihr werdet es erst wirklich begreifen, wenn ihr es mit eigenen Augen gesehen habt.«

»Die meisten Eier landen doch nicht bei den Federlosen auf dem Frühstückstisch«, sagte Veronika Lenz, die einzige Henne, die es zu zwei Namen gebracht hatte. »Die landen in der Fabrik. Oder in einer anderen Fabrik. Jedenfalls in Fabriken. Unsere Eier brauchen die Federlosen für alle möglichen Dinge, die sie zusammenrühren und zusammenbauen.«

»Auch für Autos?«

Mitleidige Blicke trafen den Hahn.

»Genau«, sagte Veronika. »Auch für Autos. Aus Eiern werden die Lenkräder gemacht. Deshalb haben die Federlosen nach dem Autofahren immer so glitschige Finger.«

Der Hahn spürte im Gefieder, dass man ihn verspottete. Aber weil er es nicht besser wusste, konnte er mit den Hennen nicht streiten. Missmutig hörte er zu, während die Mädels alles auspackten, was sie an Wissen zusammengetragen hatten. Angeblich redeten die Federlosen oft darüber. Er wurde den Verdacht nicht los, dass die Hennen aufmerksamer durchs Leben schritten als er. Er war sich selbst genug. Er war ein Hahn, er war einzigartig und nicht Teil einer Masse. Wenngleich diese Masse an sich nicht unsympathisch war, wenn sie ihn auch meistens wie Luft behandelte. Aber es gab Ausnahmen. Sie dauerten nie lange, aber sie kamen vor. Dafür lebt ein Hahn.

»Sie waren so glücklich«, berichtete Hertha verträumt. »Sie haben unsere Eier aus der Kiste geholt, als wäre Weihnachten.«

»Die Kiste hat einen Namen«, warf das asiatische Hühnchen altklug ein. »Das ist ein Automat.«

Hertha hatte nichts gegen Hühner, die von weiter her stammen. Aber sie hatte etwas gegen Hühner, die im Verlauf eines Tages hundertmal ihr Gefieder sträuben, weil es so herrlich bunt ist und weil die hiesigen Hühner nicht so ein Gefieder haben. Einmal sträuben, das ist in Ordnung. Zweimal, das fällt noch unter Körperpflege, die bei Hühnern gleichbedeutend mit Gefiederpflege ist. Denn bei einem Huhn gibt es nicht nur tot oder lebendig. Es gibt noch etwas dazwischen: kahl! Am ganzen Körper kahl. Weil wegen einer Krankheit alle Federn ausfallen. Die Federlosen nennen diese Krankheit Mauser und tun so, als ob das nichts Gefährliches sei, vor allem sei es keine Krankheit, sondern ein Teil der normalen körperlichen Abläufe.

Hertha hielt das für eine fromme Lüge: Wie kann etwas, das so hässlich macht, normal sein? Nacktheit ist grauenvoll. Fast so grauenvoll wie die Federlosen im Sommer, wenn sie ihre Kleidungsstücke ausziehen – sämtliche oder fast alle. Was auf das gleiche hinausläuft, denn nackte Federlose zeigen die Federlosen so, wie sie eigentlich sind. Wer als Huhn jemals einen Nackten sah, wird ihn und seine Artgenossen danach mit anderen Augen sehen.

Bei den Federlosen existiert keine Mauser, weil sie keine Federn besitzen. Bei den Federlosen ist der Prozess der Freimachung eine freiwillige Entscheidung. Sie tun es, weil ihnen warm ist, weil sie ins Wasser springen oder sich gegenseitig mit Wasser besprengen wollen. Angeblich gibt es noch einen weiteren Grund, keine Kleidungsstücke zu tragen. Darüber existieren unter Hühnern Sagen und Gerüchte. Seitdem man routinemäßig ein Huhn abstellte, um den Federlosen im Garten und auf der Terrasse zuzuhören, hat sich die Zahl der Gerüchte weiter erhöht. Ein glaubwürdiges Gerücht ist bisher nicht vorgekommen. Dummerweise liegen die Räume, in denen sich die Nachtlager der Federlosen befinden, im Haus oben. Ein Gummiball springt höher, aber für ein Huhn ist das eine Höhe, die zur letzten Mutprobe seines Lebens werden kann. Einmal entdeckte Veronika Lenz angeblich unbekleidete Federlose in einem unten liegenden Raum. Bei Sonnenschein wäre das keine Nachricht gewesen, aber es war Dezember, zwischen Weihnachtsbaumzeit und Knallnacht. Leider waren die Jalousien schon heruntergelassen, als Veronika und der Hahn zur Stelle waren, um den Federlosen endlich ein weiteres Geheimnis ihrer Lebensführung zu entreißen.

»Freundinnen«, sagt Hertha verträumt. »Diese Kiste …«

»Automat! Eierautomat!«

»Meinetwegen auch Eierautomat. Er wird unser Leben verändern. Er verleiht unserer Existenz neuen Sinn. Einen höheren Sinn. Wir wollen versuchen, uns unserer Verantwortung würdig zu erweisen.«

»Und wie willst du das anstellen?«, erklingt es aus der Menge.

»Ich werde ab sofort meine Legeleistung verbessern. Der Automat darf nie mehr leer sein.«

»Du bist doch schon die Beste von uns.«

»Ich fange früher an.«

»Überfordere dich nicht, Hertha. Bisher ging es auch ohne Leistungssport.«

»Bisher war gestern. Jetzt hat die Ära des Eierautomaten begonnen.«

Hertha schüttelt ihr Gefieder. »Gehen wirs an«, murmelt sie und schreitet energisch Richtung Nest.

Am Anfang war das Ei

Das Ei verkörpert in vielen Schöpfungsmythen auf der ganzen Welt den Ur-
sprung des Lebens. So entstand zum Beispiel in der finnischen Mythologie
das Universum aus sieben Eiern, sechs goldenen und einem eisernen. Dann
wurde aus den oberen Schalenhälften der Himmel, aus dem Eigelb die
Sonne, aus dem Eiweiß der Mond und die restlichen Schalenstückchen bil-
deten Sterne und Wolken. Aus dem schwarzen Dotter des Eies aus Eisen
entstand eine Gewitterwolke. Der Himmel stützte sich auf eine Säule, die
auf dem Nordpol stand. Die Bewegung der Sterne wurde damit erklärt, dass
sich am Nordpol ein riesiger Strudel, Kinahmi genannt, befand, der die Säule
und das darauf befestigte Himmelszelt drehte. Durch diesen Strudel sollen
auch die Seelen der Menschen in das Totenreich Tuonela gelangen …

Was war zuerst?

Es war das Ei, das lange vor dem Huhn existent war. Forschungen weisen nach, dass seine Entwicklung schon vor einer Milliarde Jahren begonnen hat. Allerdings über den Umweg der Dinos. Die Vorfahren des Haushuhns waren eierlegende Raubsaurier. Die Veränderungen von den riesigen zweibeinigen Echsen bis hin zum heutigen flugfähigen Huhn dauerten eine Ewigkeit. Die Reptilienschuppen wandelten sich bereits vor gut 150 Millionen Jahren in Federn. Die Schuppen an den Füßen verweisen nach wie vor auf die riesigen Vorfahren. Und natürlich das Ei.

Mythos Ei

Das Ei symbolisiert Leben und Fruchtbarkeit, häufig werden ihm magische Wirkungen zugesprochen. Aus dem Ei schlüpfen nicht nur Küken, sondern von den griechischen Mythen bis zu den polynesischen Schöpfungsgeschichten auch Heroen und Götter. In Griechenland gehört der Mythos vom Welten-Ei zum Dionysoskult. Die heiligen Geschichten dieses Kultes berichten, dass der – mehr oder weniger mit Dionysos identische – Schöpfergott aus einem Ei schlüpfte.

In den Mythologien entspricht das Welten-Ei dem absoluten Urzustand des Universums, aus dem sich ein Urwesen entwickelte, das oft ein Zwilling oder Zwitter war und die Vereinigung von zwei komplementären Prinzipien symbolisierte.

In der christlichen Tradition wurden die zuvor schon bei heidnischen Frühlingsfesten eingesetzten Ostereier zu einem Symbol der Auferstehung Christi. Seit dem 13. Jahrhundert bemalt man in Europa Ostereier.

Das Eierorakel

Mit dem Eierorakel können verstorbene Ahnen, Geister oder Götter befragt werden. Diese Orakel sind seit der Römischen Antike bekannt, sie gehören zum germanischen Aberglauben und werden heute noch in einigen Kulturen Asiens praktiziert. Die tiefe Bedeutung hängt mit der Beziehung zwischen Menschen und Hühnern zusammen. Hühner fungieren dabei seit jeher als wunscherfüllenden Opfertiere.

Begleiter in die Ewigkeit

Eier sind als Grabbeigaben schon aus dem 1. Jahrtausend v. Chr. erhalten. Das Ei allgemein und das Straußenei im Speziellen galten in der Antike als Symbol für die Unsterblichkeit. Der magische Aspekt der Straußeneier ist bis heute im afrikanischen, islamischen und christlichen Volksglauben erhalten.

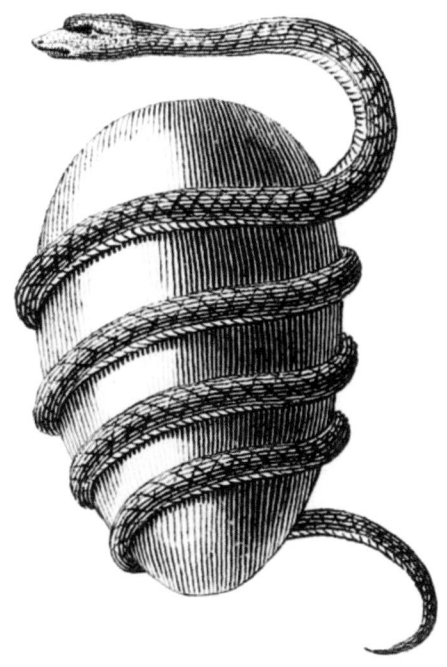

Das Ei des Kolumbus

Nach seiner Rückkehr aus Amerika wird Christoph Kolumbus während eines Essens vorgehalten, es sei kinderleicht gewesen, die Neue Welt zu entdecken. Jeder hätte das gekonnt. Kolumbus fordert daraufhin die anwesenden Personen auf, ein gekochtes Ei auf seine Spitze zu stellen. Niemandem gelingt es, alle halten es für unmöglich. Kolumbus schlägt, nach der Aufforderung, sie vom Gegenteil zu überzeugen, ein Ei mit der Spitze auf den Tisch. Das Ei bleibt stehen, da es leicht eingedrückt ist. Die Anwesenden sind empört und halten das für unlauter. DAS hätten sie auch gekonnt. Kolumbus Antwort: „Der Unterschied ist, meine Herren, dass Sie es hätten tun können, ich aber habe es getan!"

GLEICH IN DER FRÜHE LEGTEN WIR
GEMEINSAM EIN EI.

EIGEN-EI-THERAPIE

Der Hahn lachte hünisch

Das Huhn, das liest

Wenn über 20 Hennen und ein bis zwei Hähne auf engem Raum zusammenleben, werden die unterschiedlichen Verhaltensweisen, Vorlieben, Abneigungen und Spleens deutlich. Eine Mitbewohnerin träumt heftig und fällt einmal pro Woche von der Stange, woran sie sich morgens nicht mehr erinnert. Die Glucke zählt ihre Küken abends durch und zur Sicherheit ein zweites Mal. Stimmen die Ergebnisse nicht überein, beginnt ein zwanghaftes Zählen, das die Küken erst wundert und bald ängstigt und in der Glucke existenzielle Zweifel weckt.

Neuzugänge fügen sich in der Regel schnell ein. Die Ausnahmen finden tagsüber und erst recht nachts keine Ruhe, streifen umher, sehen da den Fuchs und dort die hühnerfressende Ratte, die außer ihnen niemand sieht.

Tagsüber gibt es keine verhaltensauffälligen Ausreißer. Die Pflichten des Tages lenken ab, kein Huhn will wertvolle helle Minuten verpassen. Die meisten begnügen sich mit dem Erwartbaren: Fressen, Scharren, Staubbaden Staubbaden Staubbaden, Küken anhimmeln, Hähnen ausweichen.

Besonders umtriebig sind naturgemäß die Ex-Küken, sobald sie den Flaum abgestreift haben und ihr erstes Federkleid tragen. Sie kennen keine Langeweile und noch keine Routine. In ihren Reihen findet traditionell viel Bewegung zwischen verschiedenen Ställen statt, denn menschliche Hühnerfreunde, die sich zum ersten Mal im Leben eigene Hennen zulegen, wählen bevorzugt Exemplare der jüngeren Altersgruppen. Für den Anfang sind es selten mehr als zehn Tiere und noch seltener besteht ein Federloser auf einem Hahn. Das liegt an der Angst vor sozialer Isolation in der Stadt durch den Ärger, den kein Geräusch so sicher erzeugt wie ein Krähen am frühen Morgen.

Wenn Aufregung und Besitzerstolz mit den Federlosen durchgehen, werden an Ort und Stelle Namen vergeben. Auch Hühner lieben es, ihre Artgenossen zu taufen. Witwe Bolte ist eine Premiere. Der kuriose Name wird nachvollziehbar, wenn man sich die junge Henne genau ansieht. Als ihre Federn zu wachsen begannen, suchten sie sich auf dem Kopf bizarre Umwege. An einigen Stellen wuchsen sie, an anderen blieb es kahl. Jetzt sieht die Henne aus, als würde sie eine Halbglatze haben.

Witwe Bolte gehört zu den mobilsten Bewohnern des Hühnerhofs. Sie ist an allem interessiert, ein zweiter und dritter Blick ist für sie selbstverständlich. Als sie an der Straße den mysteriösen Haufen entdeckt, muss er unbedingt inspiziert werden. Morgens fahren Autos weg und am späten Nachmittag kehren sie zurück. Dazwischen findet spärlicher Lieferverkehr statt – keine Gefahr für Hühner.

Witwe Bolte umkreist den Haufen. »Altpapier«, ruft eine erwachsene Henne im Vorbeigehen. Für erfahrene Vögel erlischt bei »Altpapier« jedes Interesse. Altpapier ist nicht essbar. Altpapier lockt auch keine Würmer, Maden oder Fliegen an, dafür bleibt es nicht lange genug liegen.

Aber Altpapier hat einen Geruch, den ein junges Huhn nicht kennt, weil er in seiner Welt bisher nicht vorkam. Altpapier ist meistens verschnürt, aber nicht immer mit stabilem Band und noch seltener mit Sorgfalt. Weht Wind, gibt der Papierhaufen ein lebendiges Bild ab. Witwe Bolte bleibt stehen und sieht sich die Sache genauer an. Schräg hinter ihr steht ein Lieferwagen. Stehende Autos sind für Hühner unsichtbar. Folgerichtig bemerkt sie nicht, dass zwei Federlose im Wagen sitzen, einer am Lenkrad, der andere daneben. Die Handwerker haben in Hausnummer 4 im Keller elektrische Anschlüsse für eine moderne Heizanlage verlegt und machen nun Fofftein, worunter Handwerker alles zwischen Kaffee, Lesen, Rauchen und Spachteln verstehen. Einer telefoniert dann meistens oder checkt Mails.

Der, der nicht checkt, stößt dem Kollegen in die Seite und deutet nach vorne. Da liegt ein Papierstapel, vor dem ein kleines Huhn steht.

»Sieht das nicht aus«, sagt der auf dem Fahrersitz, »als wenn der Vogel Zeitung liest?«

Der Kollege schüttelt den Kopf, er verkörpert im Team die Fraktion Vernunft. Aber er blickt ein zweites Mal hin, ein drittes Mal. Zu Hause hat er eine Frau, die Humor besitzt und gern bei jeder Gelegenheit lacht – nicht selten zu Gelegenheiten, bei denen man auf Lachen verzichten sollte.

Das Handy klackt und klackt. »Check«, murmelt er und jedes Mal erneut »Check«.

Der Kollege sagt: »Film es, das kommt besser.«

Der Fahrer zieht sein Handy und filmt selbst das lesende Huhn am Zeitungsstapel.

Abends steht das Video im Netz. Eine halbe Stunde tut sich nichts, dann läuft es an, erreicht bis 23 Uhr einen ersten Höhepunkt und geht am nächsten Vormittag steil.»Hühnchen liest Abendblatt! – Noch kein Abo, aber schon Fan.«

Die souveränen Zeitungs-Adressen halten es aus, dass man den Abendblatt-Zeitungskopf erkennt. Die kleine örtliche Konkurrenz tauscht den Kopf aus und behält die Manipulation für sich. Das ist der Beginn eines anfangs nachvollziehbaren, bald nur noch anstrengenden Duells über Ethos, Kollegialität und »Man muss auch gönnen können«.

Einen Tag später legt das Abendblatt nach und lobt drei Flaschen Rotwein, wahlweise eine Flasche Eierlikör, für ein Bild aus, das ein Huhn bei der Lektüre der Morgenpost zeigt – ausdrücklich ein lebendiges Huhn, kein Gummihuhn.

Alle User, die sich über einen Spaß freuen können, genießen die Fotomotive. Mit einer Ernsthaftigkeit sondergleichen studiert das Hühnchen die Zeitungsseite. Jede Redaktion könnte sich glücklich schätzen, würde ihr Produkt von menschlichen Lesern mit so viel Interesse studiert werden.

Schnell sind die Klickzahlen im sechsstelligen Bereich, die erste Million ist auch bald erreicht. Am Abend läuft der 30-Sekunden-Film bei RTL dreimal hintereinander und bildet das Finale aller Werbeblöcke. Der Schampusvorrat, der für solche Fälle in der Kölner Zentrale von RTL und in den Kühlschränken der Regionalbüros liegt, geht am folgenden Morgen nach Bekanntgabe der Abendquoten schnell zur Neige. Die beiden Handwerker sind auf dem Schirm und dürfen einen Satz zu ihrer Entdeckung in der stillen Straße aufsagen.

Das Zeitung lesende Huhn sammelt Rekorde ein. Weil es ein Thema ist, auf das man sich problemlos einigen kann, ohne zuvor über Rassismus, Jugendschutz und Sprachreformen zu diskutieren, erreicht das Huhn alle Klassen, alle Altersgruppen, alle Schulabschlüsse. Das Ausland ist zu diesem Zeitpunkt auch schon dabei. Szenen aus Tokio, Lagos und Rio zeigen die Zeitungsleserin als globales Phänomen. Die beiden Handwerker können gar nicht so viele Runden ausgeben, wie sie plötzlich Freunde haben. Bei jedem zweiten beruflichen Termin werden sie erkannt und beglückwünscht.

Es ist Zufall, dass der Verband der Zeitschriftenverlage gerade in diesen Tagen zusammenkommt. Erleichtert schiebt man die schwierigen ethisch-moralischen Themen, mit denen man sich beschäftigen wollte, zur Seite und lässt es sich gutgehen. Auf YouTube laufen zahlreiche Variationen des lesenden Huhns. In vorgeblich wissenschaftlicher Manier werden Hühner bei der Lektüre verschiedener Zeitungen und anderer Printprodukte beobachtet. Experten reden, wie Experten reden.

In einer örtlichen Turnhalle treffen sich die beiden ansässigen Tageszeitungen zu einem von Notaren und radikalen Tierschützern beaufsichtigten Festival, auf dem die Haustiere der Redakteure ins Rennen um die Lustigkeits-Krone gehen. Die Jury besteht aus Hühnern in vier Käfigen. Angeblich befindet sich Witwe Bolte in einem davon, aber es gibt Zweifel an der Authentizität ihrer Halbglatze, die nicht ausgeräumt werden können. Kein Huhn kackt während des Festivals so oft wie die vermeintliche Witwe Bolte. Viele halten das für den Nachweis komödiantischer Spitzenklasse, andere für Nervosität und schlechtes Gewissen.

Im Chaos der ersten Stunden haben es zwei Fernsehsender geschafft, live aus dem Hühnerhof zu berichten, auf dem Witwe Bolte lebt. Fans brauchen wenige Minuten, um die Adresse herauszubekommen, die bisher stille Straße erlebt einen Ansturm. Weil der berühmte Zeitungsstapel längst abgeholt wurde, arbeitet man mit einem Double. In dem Stadtteil am Rand der Stadt organisieren findige Bewohner spontan einen Ähnlichkeitswettbewerb, bei dem der Zeitungsstapel gesucht wird, der dem Original am nächsten kommt. Eine Jury kürt den Gewinner. Der freudestrahlende Mann, der wohl mit einem Geldpreis rechnete, darf alle 20 Stapel, die es bis ins Finale schafften, mit nach Hause nehmen. Der Gewinner wird später am Eingang der nächstgelegenen U-Bahn-Haltestelle gesehen, wo er versucht, die Zeitungen zu verkaufen. Zu Beginn fordert er 450 Euro pro Stapel, geht aber schnell auf 19,95 herunter. Bewegung kommt jedoch erst in die Sache, als er auf jeden Stapel einen Fünf-Euro-Schein drauflegt. Später wird die Feuerwehr zu mehreren Bränden gerufen, die sich als glimmende Zeitungsstapel erweisen.

Auf dem Hof darf eine handverlesene Zahl von Besuchern einen Blick in das Hühnerhaus werfen. Jeder bekommt zwei Minuten für ein Foto mit Witwe Bolte. 48 Stunden später werden die ersten Bolte-Halbglatzen-Masken aus Kunststoff und Gummi auf Amazon angeboten.

Schließlich hat das Abendblatt eine Idee: eine Sonderausgabe für alle Hühner unter den Lesern. Eingeklebte Leckerbissen, für die der Zoo mit seinem guten Namen einsteht, werden allgemein als charmante Idee empfunden. Die namenlose Redakteurin, die den Einfall gehabt hat, sieht sich kurz darauf zur Ressortleiterin befördert. Innerhalb weniger Tage füllt sie ihre Abteilung in einem selten gesehenen Akt von Vetternwirtschaft mit Familie und Freundinnen auf. Als sie vor Kameras um Entschuldigung bittet, ruft sie dazu auf, künftig beim Gendern nicht nur die weibliche und männliche Form zu respektieren, sondern auch diejenige aller Tiere. Das trägt ihr Hohn und Spott, aber auch die Rücknahme des Rausschmisses ein.

»Witwe Bolte« nennen sich über Nacht deutschlandweit Restaurants, Lokale, Nachtklubs, Zoohandlungen und Tierschutzvereine. Im Kulturradio befragt man Bürger mit den Familiennamen Bolt, Bolte und Bolten, wie sie mit der neuen Situation zurechtkommen. Angeblich hält eine befragte Frau während der Sendung ein lebendes Huhn im Schoß. Die Beweisbilder gehen zügig viral, die Hose der Frau sieht recht vollgekackt aus. Spontan gehen mehrere Kaufangebote für die Hose ein. Auf die Angebote reagiert die Frau mit den Worten: »Aber nur, wenn ihr das mistige Huhn mitkauft.«

In Sekundenfrist baut sich eine Welle von Hasskommentaren auf, die rasch zu einem Ortswechsel der Frau führt. Ihre Familie sagt sich von ihr los und lässt eine vierstellige Spende für Tierschutzzwecke springen.

Auf spontanen Kundgebungen treten Teilnehmer für die Wahrung der Tierrechte ein (»Stuhlgang statt Wahlrecht« und »Gut verdaut, nicht versaut«). Viele bringen Tiere mit: Hunde, Katzen, Wellensittiche. Reptilien bilden die Mehrheit, aber auch Hühner sind vertreten.

Witwe Bolte, mit der alles begonnen hat, wird für einen Bildband fotografiert und ist Studiogast in mehreren TV-Sendungen, in denen es sich um Tiere und Tierrechte dreht. Die Rechte an dem Zweipersonenstück (Gott und Huhn) einer bis dahin unbekannten Dramatikerin gehen im Rahmen einer öffentlichen Versteigerung an das Münchner Residenztheater. Der Aufführungsvertrag sieht vor, dass ausschließlich vegan lebende Frauen und zur Not wenige Männer an den Proben teilnehmen dürfen. Gott wird von einer Frau dargestellt. Um die Rolle des Huhns wetteifert die Erste Schauspielerinnen-Liga. Die Dramatikerin arbeitet bereits an einem zweiten Stück – diesmal für eine einzige Person. Es geht darin um eine Frau, die beginnt, Eier zu legen und eine konfliktbeladene Fernbeziehung mit dem Besitzer eines Geflügel-Konzerns führt.

Die Meldung, dass die bisher sehr ruhige Straße, an der Witwe Bolte wohnt, künftig für den Durchgangsverkehr gesperrt wird, ergibt im Netz eine Zustimmungsquote von 99,1 Prozent.

Soeben geben die Eigentümer von Witwe Boltes Hühnerhaus bekannt: »Die Liste mit den Anmeldungen für die ersten Küken der prominenten Henne ist geschlossen. Während der Bestell- und Gebotphase fanden vier Netz-Abstürze wegen Überlastung statt. Insgesamt gingen 628.739 Bestellungen ein. Das Höchstgebot beträgt 49.999 Euro. Küken, die das populäre Halbglatzen-Gen der künftigen Mutter tragen, wurden mit bis zu 30.000 Euro geordert. Witwe Bolte steht mittlerweile unter Personenschutz. Die freundlicherweise zur Verfügung gestellten Hähne werden nicht benötigt. Im Interesse einer nachhaltigen und heimatverbundenen Vermehrung dürfen ausschließlich die auf dem Hof heimischen Hähne zum Zuge kommen. Beide stehen nicht zum Verkauf.«

DRESS YOUR HUHN!

Elf Küken sollt ihr sein

Vierzig Minuten vor dem Anpfiff sind alle Parkplätze belegt. 25 Minuten vor dem Anpfiff sind sämtliche Bürgersteige zugeparkt, das schließt die Ein- und Ausfahrten aller Eigenheimgrundstücke ein. Schnell findet sich der unvermeidliche Rechthaber, der auf seinem Grundrecht der freien Bewegung besteht. Ein vorbeigehender Fan sagt: »Komm runter, Opa«, und drückt ihm die Hand mit ausgestreckten Fingern ins Gesicht. Der Rechthaber ruft die 110. Fünf Minuten vor dem regulären Anpfiff sagt die Schiedsrichterin: »Ihr habt noch eine Viertelstunde, dann pfeife ich an.«

Am Spieltag findet kein Kartenverkauf mehr statt, im Vorfeld gingen 550 Tickets über die Theke. In der 60-jährigen Geschichte der Sportfreunde hat es auf ihrem Platz nur ein einziges Mal mehr Betrieb gegeben: als in den achtziger Jahren der HSV in der Nachbarschaft im Trainingslager war.

Gunni trägt die Maskottchen zu dem Tor, hinter dem ein räudiges Rasenstück die Zeiten überdauert hat. Die Glucke Gluck im Korb, die Küken in der Jutetasche. In der Eile war nichts anderes aufzutreiben. Doppeldoof ist schon da und wärmt sich auf die Weise auf, mit der er bis ins Fernsehen kam: ein Mann mit einem BMI-Wert von über 35 im schreiend gelben Hühnerkostüm. Kamm, Flügel, Hände und Waden in feuerwehrrot. Er grüßt zu Gunni herüber. Sie packt Gluck aus, die die pink Warnweste trägt, und drückt den Pfahl in den Boden, an dem die Henne das Spiel erleben wird. Elf Küken ohne Trikots werden in das kleine Geviert gesetzt, das schon bereitstand. Die Fans atmen der Ehrenrunde entgegen: Gunni mit Gluck an der Leine. Die Parade um den Platz wird zum traditionellen Triumphmarsch.

Ein Huhn ist Maskottchen der Sportfreunde seit ihrer Gründung. Die eigenen Leute rasten aus, die Gäste zeigen Sportsgeist. Kein Wunder, denn das Derby ist nicht zuletzt wegen der Maskottchen einzigartig: Hier treffen zwei Hühner-Teams aufeinander, deutschlandweit gibt es nichts Vergleichbares.

Sportfreunde gegen FK – der Hit in der 2. Kreisklasse, das Lokalderby, von dem man 20 Jahre nur träumen konnte. Lange dümpelten die Sportfreunde in den untersten Ligen. FK startete seinen kometenhaften Aufstieg bis in die Oberliga erst, als der Hühnerbaron von der Geflügelfabrik vier Jahre die dicksten Schecks der Vereinsgeschichte spendierte. FK steht für Flügelkeule. Slogan: »Wir essen, was wir lieben.«

Die Gäste von FK haben über 400 Zuschauer mitgebracht, alle im einschlägig bekannten Outfit: als Kopfbedeckung das Huhn aus Zottelplüsch, in der Hand das unvermeidliche Gummihuhn.

Auch die Fans der Auswärtsmannschaft freuen sich, dass der doppelte Abstieg von FK und der sensationelle Aufstieg der Sportfreunde den trostlosen Abstand von drei bis vier Spielklassen ausgelöscht haben.

Gluck benimmt sich tadellos wie immer, die Henne ist nicht aus der Ruhe zu bringen. Auf anderen Plätzen sind empfindlichere tierische Maskottchen vor lauter Stress schon tot umgefallen. Vor dem Amtsantritt von Gluck reisten die Sportfreunde stets mit tierischem Ersatz an, falls die Nummer 1 den Geist aufgeben sollte.

Zuletzt die Ehrenbezeugung vor der Heimtribüne. Gunni nimmt Gluck auf den Arm, beide verbeugen sich. Selbst die kostümierten Gäste klatschen, der harte Kern schwenkt die Gummihühner über den Köpfen und stößt alberne Laute aus. Pressefotografen tun ihren Job, die erste Radioreporterin seit vielen Jahren holt Atmosphäre und Meinungen ein. Jeder dritte Zuschauer fotografiert und filmt. Die Reporterin sagt: »Einen so großen Gummihühner-Auftrieb hat die Welt lange nicht gesehen.«

Kurz vor dem Anpfiff nimmt auch Doppeldoof die Henne auf den Arm und posiert für den Lokalteil. Zwei Dutzend Fans rennen über den Platz, um Bilder zu schießen.

Endlich Anpfiff, die Gummihühner kreisen. FK schnürt die Heimmannschaft ein, die keine Anstalten macht, über die Mittellinie zu kommen. Seit der traumatischen letzten Saison, die FK mit zwei mageren Siegen beendete, haftet dem Team der Ruf an, nach starken ersten zehn Minuten einen unerklärlichen Einbruch zu erleben. Die Sportfreunde, beseelt durch mehrere Aufstiege hintereinander, trauen sich was.

Gluck ist bei den Küken im Geviert. Sie ist nicht die leibliche Mutter, bei 30 Spielen pro Saison kann keine Henne permanent eigene Kids ins Rennen schicken. Die Mannschaft von elf wuseligen Mini-Spielern erlebte heute ihre Premiere.

»So, ihr Lütten, genießt den Tag, dieses Erlebnis ist nicht vielen Küken vergönnt. Werdet nicht zu schnell groß, dann habt ihr lange etwas davon.«

Gluck ist bewusst, dass sie gerade fromme Schwindeleien aussprach. Küken wachsen schnell, meistens muss die Mini-Mannschaft nicht erst nach der Hinrunde ausgetauscht werden, sondern schon früher. An den Küken erkennt Gluck, wie schnell die Zeit vergeht. Der Tag ist nicht mehr fern, an dem auch Gluck ausgetauscht werden wird. In den ersten Jahren als Maskottchen hat sie keine fünf Minuten darüber nachgedacht. Langsam begreift sie, dass ihre Zukunft mit jedem Tag überschaubarer wird. Neben ihr hampelt Maskottchen Doppeldoof herum, er ist pausenlos in Bewegung. Dafür, dass er keine sportliche Figur besitzt, mutet er sich viel zu. Aber es sieht nicht so aus, als würde ihm das Mühe bereiten. Immer wieder feuert er seinen FK an und animiert die Fans zum Jubeln, Klatschen, Grölen. Zwischendurch turnt er vor der Tribüne herum, dann wird es laut. Die eigenen Leute johlen, die gegnerischen Fans pfeifen und rufen Verwünschungen, die sich um Doppeldoof am Spieß und Doppeldoofs frühere Berufstätigkeit als Imbissbetreiber des »Halben Hähnchens« drehen.

Wenn Gunni ein Küken in die Hand nimmt, kann es weit blicken, kann staunen und hundert Fragen stellen. Gunni ist in die Küken vernarrt, aber mit der Verständigung ist das naturgemäß so eine Sache. Diesen Teil übernimmt dann Gluck.

»Die Schreihälse sind die Federlosen«, sagt sie. »Sie sind nicht immer so wie auf dem Fußballplatz. Vor allem sehen sie nicht immer so aus. Nein, die Gummihühner sind keine Verwandten von uns, die besonders gelenkig sind.«

Der erste Angriff der Sportfreunde führt zum Führungstreffer, die Arena bebt. Doppeldoof sinkt auf die Knie und verbirgt sein Gesicht in den roten Händen. Fassungslos schüttelt sich der Hühnerkopf und Gluck ist damit beschäftigt, ihren Küken den Unterschied von Sein und Schein zu erklären. Das meiste werden sie noch nicht verstehen. Aber Fußball ist auch keine Sache des Verstehens. Man muss Fußball fühlen, spüren, lieben, hassen, verwünschen.

»Das Spiel dauert neunzig Minuten«, sagt Gluck. »Ihr glaubt nicht, wie viele Tore in den letzten Minuten fallen. Ja, das Tor ist das, was sich zwischen den Baumstämmen da befindet. Die keine Blätter haben und oben drüber liegt die Latte. Das ist das Tor, darum dreht sich alles. Nein, das gibt es bei uns nicht. Nein, wir Hühner haben es nicht mit Sport. Das Sportlichste, was wir tun, ist, Eier zu legen. Und natürlich kleine süße Hühner auszubrüten und auf dem Weg ins Leben zu begleiten. Ja, ihr seid süß. Jeder findet euch süß. Ein Federloser, der keine Küken mag, mit dem stimmt etwas nicht im Kopf und im Herzen. Das ist ein ganz armer Wicht, aber darüber müsst ihr nicht nachdenken. Die Federlosen lieben euch, solange ihr winzig seid. Sie mögen euch auch noch, wenn ihr gewachsen seid. Danach verlieren wir uns in der Regel aus den Augen. Denn ihr seid irgendwann erwachsen und es gibt immer neue Küken, die die Federlosen schrecklich niedlich finden. Das mit der Niedlichkeit hört nie auf. Die erwachsenen Hühner finden einen neuen Stall. Einige von uns finden einen Federlosen, der nicht freundlich zu ihnen ist. Aber darüber wollen wir heute nicht reden. Heute schenken wir FK sechs Tore ein, sieben wären noch schöner.«

In der Halbzeitpause stürmt die unvermeidliche Kinderschar heran, um mit den Küken zu spielen. In einer anderen Umgebung wäre Gluck jetzt alarmiert und extrem aufmerksam. Aber beim Fußball ist noch nie etwas passiert, manchmal eine neugierige Hundenase, nichts Ernsthaftes. Außerdem ist Gunni da. Für eine Federlose mit Verantwortung ist sie sehr jung, 13 Jahre. Aber sie kann sich wehren. Gluck hat miterlebt, wie damals der betrunkene Fußballfan herangetorkelt war. Er wollte unbedingt, dass die Küken einen Schluck Bier trinken, und hatte eines dieser winzigen Plastikfläschchen dabei, in denen sonst Süßigkeiten aufbewahrt werden. Pillen oder Perlen, hart und sehr süß. Gunni sagte: »Verschwinde.«

Aber mit manchen betrunkenen Federlosen kann man nicht vernünftig reden. Gunni war sauer geworden, der Betrunkene hatte sie geschubst, Gunni war hingefallen. Als sie wieder auf zwei Beinen stand, hatten die Fans den Suffkopp bereits vermöbelt.»Das geht ja gar nicht«, rief ein zorniger Zuschauer. »Wir fluchen und schreien und pfeifen und zur Not spucken wir auch. Aber ein kleines Mädchen schlagen, das ist ja noch schlimmer, als kleine Hühner zu ängstigen.«

Die Sanitäter kamen angelaufen, zu einem Fußballspiel gehören Sanitäter, vorher darf nicht angepfiffen werden. Seitdem ist Gunni Mitglied beim Roten Kreuz. Aber sie hätten ihr auch sonst geholfen.

In der Halbzeitpause heben die Zuschauer die Imbiss- und Getränkestände aus den Angeln. Der Mann, der bisher im Hintergrund hin- und herging, nähert sich Gunni. Er trägt weder eine Hühnermütze noch hat er ein Gummihuhn dabei. Sein Schal ist weit hochgezogen, man sieht nur ein halbes Gesicht. Er hält Gunni die Schachtel hin.

»Das sind Zigaretten«, sagt sie erstaunt.

»Denk darüber nach«, entgegnet er freundlich.

Mit dem Nachdenken fängt sie sofort an, bis zur Entscheidung dauert es nicht lange. Er gibt ihr Feuer, Gunni versteckt sich nicht. Ein Fußballplatz ist keine Tanzschule, ihre Eltern sind mit Sicherheit nicht hier. Sie hat also reelle Überlebenschancen.

Der Mann interessiert sich für die Küken und Gluck.»Du kümmerst dich um die Maskottchen?«, sagt er.

»Immer. Ist ja keine Arbeit, ist eine Freude.«

»Gratis?«

»Ja, natürlich. Was denn sonst?«

Sie reden miteinander, Gluck wird das Gefühl nicht los, so ein unbestimmtes Gefühl. Die Henne ärgert sich, sie ist zu alt und zu erfahren, um sich nicht genauer zu erinnern. Diesen Federlosen hat sie schon einmal gesehen. Aber wo? Rund um den Hühnerhof laufen lauter bekannte Gesichter herum. Gluck geht hin und her, guckt von links und rechts, sogar von hinten. Sie stellt sich vor den Mann und blickt zu ihm auf.

»Sie kennt Sie«, sagt Gunni.

Er lächelt die Henne an: »Hatten wir schon das Vergnügen?«

Der Groschen fällt. Der Dings! Er ist der Dings! Sie kennt seinen Namen nicht, aber sie weiß, was er tat. Das ist der Mann, dem die Hühnerfabrik gehörte, die Fabrik, die Gluck von Fotografien kennt. Und was in der Fabrik geschah, kannte sie von den Gesprächen, die auf ihrem Hof geführt wurden. Nicht nur einmal, sondern mehrfach und immer wieder. Und nicht bei guter Stimmung. Gluck ist gut darin, aus den Redereien das herauszuziehen, was für Hühner interessant ist. Die Fabrik und was dort geschah, das hat Gluck schockiert. Schockiert und alarmiert, entsetzt und verängstigt. Gluck ist eine kluge Henne. Sie weiß, dass Hühner sterben, damit Federlose sie essen können. Jedes Tier hat eine Aufgabe im Leben, manchmal sind es freundliche Aufgaben, manchmal sogar spaßige. Hühner müssen leiden, weil die Federlosen Appetit haben. Dann stirbt ein Huhn und die anderen Hühner leben weiter. In der Fabrik von dem Dings sterben tausend Hühner oder noch mehr. Gluck weiß nicht, was tausend ist. Nur dass es viel ist weiß sie, denn sie lebt mit 30 Hühnern zusammen. Die Kinder zählen regelmäßig durch. In der Fabrik sterben tausend Hühner. Und wenn sie tot sind, sterben wieder tausend. Und wenn die tot sind … und wenn die tot sind … und wenn die tot sind …

»Oh! Sie hat Sie vollgekackt!« Gunni ist beschämt. »Warten Sie, ich mach das gleich weg.«

»Lass. Es ist nur der Schuh.«

»Ich weiß gar nicht … Das hat sie noch nie getan. Gluck ist unsere beste und treueste Glucke. Alle mögen sie und sie mag jeden.«

»Keine Ausnahme?«

»Nein. Nicht jeder ist ihr Liebling, aber … Sie hat sie vollgekackt.«

Gluck ist einen Schritt zurückgewichen. Er hätte sie packen können, jedenfalls hätte er es versuchen können. Sie blicken sich an, er scheint etwas in Glucks Augen zu suchen. Sie ist so entsetzt, dass sie es ihm nicht vorenthalten kann. Sie will es auch gar nicht. Soll er es doch bei ihr versuchen! Vor tausend Zuschauern auf dem Platz! Tausend Zeugen, zweitausend Augen. Tausend Zeugenaussagen gegen ihn.

Sie blicken sich an, sie kommen einfach nicht voneinander los. Dann schießt FK den Ausgleich! Das kleine Stadion erbebt! Es steht unentschieden. Der Mann beugt sich zu der zitternden Henne hinunter und sagt: »Viel Gluck für dich.« Dann wendet er sich dem Spielfeld zu. Gunni bringt Gluck und die Küken in Sicherheit, weil Doppeldoof, das riesige gelbrote Huhn, begeistert hin- und herspringt. »Keine Angst«, sagt Gunni und drückt Gluck an sich. »Er tut dir nichts. Ich beschütze dich.«

Gluck schließt die Augen und denkt: Mich beschützt du. Wer hat die Tausend beschützt? Und die nächsten Tausend? Und und und …

Im Rennpass auf Emanuelle

Krisensitzung im Hühnerhaus

Hertha stemmt die Flügel in die Seiten: »Was soll das hier werden, wenn es fertig ist?« Bevor Au Luft holen kann, fährt Hertha fort: »Ein Ei wird es nach Lage der Dinge ja nicht. Sag mir, wenn ich mich irren sollte!«

Au zieht den Kopf ein, was, da sie zuvor auch ihren Hals einzog, den Eindruck erweckt, als wolle sie sich in sich selbst zurückziehen. Hinter Hertha gibt es ein Geräusch. Ohne sich umzudrehen, faucht sie: »Jetzt nicht!«

»Es wäre wichtig ...«

»Hörst du schlecht!? Jetzt nicht! Ich bin in einer Besprechung!«

»Ach ja? Seltsam, denn man hört nur dich sprechen. Gehören zu einer Besprechung nicht wenigstens ...?«

Im nächsten Moment prallt das vorlaute Federvieh zurück, als habe es einen Schlag erhalten. Dabei ist nichts anderes passiert als dass Hertha zwei Schritte in Richtung der Unterbrecherin absolviert hat. Sie stehen jetzt Schnabel an Schnabel. »Du und ihr regt mich alle auf, wisst ihr das?«

»Aber Hertha, Liebling ...«

»Für dich Hertha.«

»Okay, also Hertha ...«

»Für dich Frau Hertha!«

»Aber eben hast du gesagt ...«

»Das ist lange her. Ich weiß nicht mehr, was ich vor einer Stunde gesagt habe.«

Die Henne vor der Schnabelspitze von Hertha wünscht sich weit weg. Aber dazu müsste sie weglaufen. Was sie nicht wagt, weil es dann einen Moment geben würde, in dem sie Hertha den ungeschützten Rücken zuwendet. Das will sie nicht riskieren. Zwar hat Hertha in ihrem mehrere Jahre andauernden Leben nie eine Mithenne körperlich attackiert, aber in diesen Jahren gab es auch nie eine Hertha von der Art, wie sie alle Bewohnerinnen des Hühnerhofs seit einigen Wochen erleben.

Die Mithenne denkt: Das ist nicht mehr die alte Hertha.

»Sags ruhig«, knurrt Hertha. Es klingt, als würde die Stimme aus der Mitte ihres dicken Leibes kommen. »Sag, was du gerade denkst.«

»Ich möchte lieber nicht ...«

»Dies ist ein freier Hühnerhof. Ich erteile dir das Wort. Ich höre.«

Hertha ist überzeugt, aufmunternd zu lächeln. Deshalb wundert sie sich, als die Mithenne im nächsten Moment laut gackernd und mit den Flügeln schlagend flieht. Jeder ihrer Schritte ist ein meterlanger luftiger Satz. Hinter Hertha ertönt ein schüchternes Stimmchen: »Ich glaube, ich habe gelegt. Ist dir das recht?«

Ohne sich umzudrehen, raunzt Hertha: »Ich hab euch alle so satt. Ihr macht euch keinen Begriff, wie satt ich euch alle habe.«

»Sie tickt nicht mehr richtig. Die Frau hat sie nicht mehr alle.«

»Nicht so laut. Nicht mal halb so laut. Am besten, wir flüstern. Am allerbesten, wir halten den Schnabel.«

Die drei Hennen haben sich ans äußerste Ende des Wiesenstücks zurückgezogen. Obwohl sie hier nichts befürchten müssen, weil sich ihnen niemand ungesehen nähern kann, werden sie das Gefühl nicht los, in diesem Moment von unsichtbaren Augen beobachtet zu werden. »Zuerst dachte ich: Es wird vorbeigehen. Ich meine: Wir sind Hennen, wie groß ist die Wahrscheinlichkeit, dass wir uns wie Federlose benehmen?«

»Man lernt jeden Tag dazu«, sagt die Mithenne. »Gehe ich recht in der Annahme, dass wir drei wissen, womit alles begann?«

Drei Hennenköpfe nicken in traurigem Einklang. »Es geht doch nur ums Eierlegen«, sagt die dritte Henne. »Ich meine, was ist so dramatisch daran, ein Ei zu legen? Jede von uns kann das im Schlaf. Ich kann ein Ei legen, während ich mich unterhalte.«

Ein Flügel legt sich auf ihren Schnabel und drückt ihn zu.

»Nicht mal im Spaß«, flüstert die Schnabelzudrückerin. »Eierlegen im Schlaf! Das wünscht sie sich doch. Ein Wort zu viel und bei uns werden Nachtschichten eingeführt.«

»Als Vorsitzender des Ortsvereins Hühnerhaus Hinterm Brook begrüße ich die erneut so zahlreich erschienene Mitgliedschaft unseres ehrenwerten ...«

»Mach halblang«, unterbricht der Zuhörer. »Wir waren beim letzten Mal zu zweit, wir sind heute zu zweit. Preisfrage: Wie viele werden wir beim nächsten Mal sein?«

»Du hast eine unangenehme Art, eine an sich bereits niederschmetternde Gesamtlage mit wenigen Worten in den Bereich des absolut Aussichtslosen zu steigern. Das wollte ich dir schon lange sagen.«

Die beiden Hähne aus dem Hühnerhaus suchen eine neue Sitzposition. Dabei sitzt man nirgendwo gemütlicher als hier. Tagsüber sind die Nester hennenleer. Ursprünglich angelegt als Séparée für fünf Nester, wurde die Baulichkeit vor kurzem um zwei weitere Nester ergänzt.

»Erstaunlich, dass keine der Damen bei der Arbeit ist«, sagt Roderich. »Wo es bei uns doch kein anderes Thema mehr gibt als die verdammten Eier!«

»Vorsicht! Hühnergott hört mit.« Roderich wirft seinem Nestnachbarn einen besorgten Blick zu. Als Niels damals als Zweit- und Co-Hahn einzog, hielt ihn der Dienstältere für einen Rivalen, für eine Gefährdung seiner Nummer-Eins-Position. Das kann man sich kaum noch vorstellen, denn Niels leidet unter der neuen wettbewerbsorientierten Situation rund ums Hühnerhaus stärker als Roderich.

Er hat sichtbar abgebaut, lustlos schlurft er tagsüber durchs Freie. Wenn die Hühnerfrau die Tür zur Wiese öffnet, stürmte er früher als Erster hinaus. Auch das hat sich verändert. Es ist vorgekommen, dass er auf den Freigang ganz verzichtet hat. »Sonst gehts gut?«, fragt Roderich. Natürlich würde ihm der Ausfall nutzen, aber am Ende ist auch er ein mitfühlendes Geschöpf.

Niels sagt: »Es ist, als wären wir plötzlich unsichtbar geworden. Und was ist der Grund?«

»Wir legen keine Eier.«

»Das war eine rhetorische Frage.«

»Dann nimm es als spaßige Antwort.«

»Wie wärs, wenn wir tatsächlich Eier legen?«

»Ja, das ist eine verlockende Vorstellung. Ein Kameratermin nach dem anderen; eine medizinische Untersuchung nach der anderen; und nach spätestens einer Woche fallen wir einem Killerkommando der Damen zum Opfer.«

»Warum sollten sie so etwas Schreckliches tun?«

»Wie würdest du denn reagieren, wenn du gegen einen Jüngeren ausgetauscht wirst?«

»Solange er nicht schöner ist als ich ... Okay, ich verstehe, worauf du hinaus willst. Eierlegen ist Frauensache.«

Die Hähne hängen ihren Gedanken nach. Roderich streicht über sein Nest. Es fühlt sich gut an: weich und gemütlich. Natürlich total unmännlich, aber man versteht, was die Mädels daran finden.

Niels reißt ihn aus seinen Gedanken: »Bevor Hertha den Lege-Terror eingeführt hat, war es einfacher.«

»Alles?«

»Alles.«

»Auch das?«

»Auch das.«

»Hast recht.«

»Und was wird jetzt aus unserem Ortsverein?«

»Wir tragen Trauer.«

»Es soll seit neuestem auch schwarze Eier geben.«

»Fang nicht wieder damit an.«

»In echt.«

»Echte Eier? Hühner-Eier? Woher? Lass mich raten: aus Asien.«

»Aus Hennen.«

Draußen wird es laut. Hennen scheinen sich zu streiten, Herthas Stimme ist eindeutig zu identifizieren. Niels sagt: »Wir müssen etwas anbieten, was für alle einen Wert besitzt.«

»Was sollen wir tun? Sollen wir singen? Du kannst nicht einmal richtig krähen.«

»Mein Krähen ist nicht kläglich, ich klinge einfach gewöhnungsbedürftig. Wie die Stimmen von manchen Sängern im Lautsprecher bei den Federlosen.«

Die Hühnerfrau der Federlosen führt Buch. Ihre Familie findet, sie übertreibt. Ihr Mann bestreitet, dass man die jeweilige Eierlegerin zweifelsfrei identifizieren könne. Das Söhnchen weint bei der Vorstellung, dass das Huhn auf dem letzten Platz der Legeliste geschlachtet wird. Die Eltern bestreiten das lebhaft und wechseln einen Blick, den das Töchterchen mitkriegt.

Moralischer Aufstand, neues Beschwichtigen. Heimlicher Wunsch nach

Sprösslingen mit größerer Einfalt und schlechteren Aufmerksamkeitsspannen. Die Hühnerfrau sagt: »Herthas Eier sind die größten.«

»Die Zweitgrößten.«

»Sie legt wirklich Riesendinger. Man fragt sich, wie lange sie das körperlich noch verkraften wird.«

»Schick die Hähne in die Hölle, dann hält sie länger. Das ist wie bei uns Menschen.«

»Das kann ich nicht machen. Hertha ist die ideale Mutter. Sie ist wie eigens konstruiert dafür.« Sie blättert ihre Unterlagen durch. »Natürlich ist sie auch die Fleißigste. Unser Neuzugang macht sich gut, Platz 2. Der große Rest ist Mittelfeld. Aber insgesamt legen in den letzten Wochen alle mehr. Als wenn es einen Startschuss gab, den wir nicht gehört haben.«

Auch das Stadtteilblatt hat mittlerweile über den neuen Eierautomaten berichtet. Der Mann der Federlosen bringt nachmittags Bestellungen aus der Firma mit nach Hause. Die Kollegen verlangen, dass er mit seinem Blut die Erklärung unterschreibt, dass jedes Ei absolut selbstgelegt ist, nachdem es absolut nachhaltig gefüttert wurde. Seine Frau stiftet einige Tropfen und er fälscht eine diesbezügliche Erklärung.

Einige Tage später erscheint der Lieblingskollege an seinem Schreibtisch und besteht darauf, ihm die Hand zu schütteln. Zur Erklärung sagt er: »Weil du jetzt doch berühmt wirst. Zum Abschied noch einmal Körperkontakt, bevor wir dich an die Medien verlieren.«

»Drück dich klarer aus.«

»Du bist der erste Mann, der außerhalb von Kinokomödien schwanger wurde. Dafür gibst du einen aus! Oder zwei, falls es Zwillinge werden.« Fünf Minuten später weiß es die gesamte Abteilung. Und weil es so schön ist, auch gleich die Nachbarabteilung. An Arbeit ist an diesem Nachmittag nicht mehr zu denken.

Krisensitzung im Hühnerhaus. Zwei Hennen fehlen. Hertha tobt.

»So geht das nicht, meine Damen! Dies ist eine Eierfabrik und kein Ferienheim. Ja, was ist denn?«

»Zwischenfrage. Wann ist beschlossen worden, dass wir jetzt ein Arbeitslager sind? Ich habe das nicht mitbekommen.«

»Die Frage ist polemisch. Wir sind kein Arbeitslager, sondern wir füllen freudig erregt unseren Automaten mit dem, was wir am besten können. Bis auf zwei Ausnahmen, die übrigens unentschuldigt fehlen.«

»Du solltest ihnen das nicht durchgehen lassen, Hertha! Einfach keine Eier legen, nur weil man Hahn ist. Wenn das Schule macht ... Was tust du da? Schreibst du etwa auf, was ich sage?«

»Für die Erinnerung. Ich will später niemanden falsch beschuldigen.«

»Für die meisten stimmt, was die Schwester gerade gesagt hat«, ruft Veronika Lenz. »Es wird zu viel. Der Automat sorgt für Druck. Früher konnten wir, wir konnten es aber auch lassen. Jetzt müssen wir.«

»Treffend zusammengefasst. Was ist falsch daran, wenn ich mich verantwortlich fühle? Und schiebt nicht alles auf den Automaten. Wir Hennen legen um des Legens willen. So wie ein Kunstmaler malt, weil er malen will. Und ein Schriftsteller ...«

»Ein sportlicher Ansatz würde ja noch gehen. Wäre nervig, aber gut. Doch du rennst von morgens bis abends rum und drückst pausenlos aufs Tempo. So kennen wir dich gar nicht.«

»Bisher gab es auch keinen Automaten.«

»Ist der Automat schuld?«

»Nein. Er ermuntert uns nur dazu, uns von unserer besten Seite zu zeigen. Wenn Hennen als Schlaffis gelten, sind ihre Tage gezählt. Soll ich weiter ins Detail gehen?«

»Wenn der Automat also weg wäre ...?«

»Ich habe den Unterton mitgekriegt.«

»Schwang ein wenig Vorfreude mit? Dann hättest du dich nicht verhört.«

Hertha ruft: »Ich meine es doch nur gut! Es ist nicht meine Schuld, wenn ich für alle reden muss. Und denken.«

»Wieso nicht? Wo du doch auch schon für uns die Eier legst.«

»Nur um euch zu zeigen, was möglich ist.«

»Wir sind nicht als Eierlegerin engagiert. Wir müssen auch Mutter werden. Oder sagt man Mütter?«

»Bis zehn Küken Mutter, danach Plural.«

»Danke, Veronika.«

»Mach ich doch gerne. Weil ich auch gerne Mutter bin. Oder Mütter.«

»Dich habe ich besonders auf dem Kieker«, faucht Hertha.

»Vorschlag«, sagt Au vorsichtig. »Wir klauen irgendwo Eier. Oder kaufen

Eier und mischen sie unauffällig drunter. Dann sind alle zufrieden. Na gut, an deinem Gesicht lese ich ab: nicht alle ...«

»Ihr enttäuscht mich tief«, murmelt Hertha.

»Du hast dich verrannt, Chefin. Du nimmst keine Ratschläge mehr an. Dabei bist du Hertha die Glucke. Du bist eine Superglucke. Und bis vor vier Wochen warst du eine Superfreundin. Jetzt bist du nur noch garstig.«

»Antreiberin!«, erklingt es aus der Menge.

Eine Henne tritt nach vorne, im Flügel hält sie ein Ei.

»Nett von dir«, sagt Hertha gerührt. »Das wäre aber nicht nötig gewesen.« Hertha streckt ihre Flügel aus, um das Ei in Empfang zu nehmen. Die Henne schleudert ihr Ei vor Herthas Füße.

Hertha ist geschockt. »Musst dich nicht bedanken«, sagt die Henne. »Dafür nicht.«

»Das wird dir noch leidtun«, murmelt Hertha. »Du hast dich versündigt.«

»Ach ja? Und womit? Dass ich eine Milliarde Eier um ein Ei reduziert habe? Eine Milliarde minus Eins. Ist das die Sünde?«

Hertha geht davon. Alle blicken ihr hinterher. Niemand versucht, sie aufzuhalten.

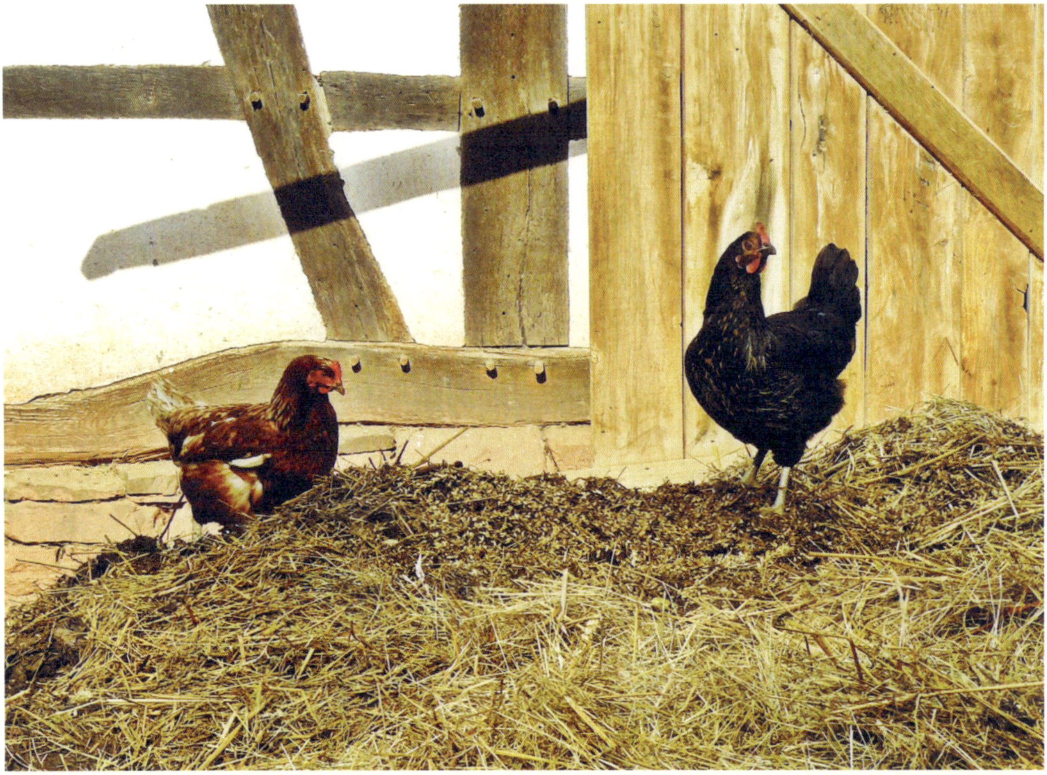

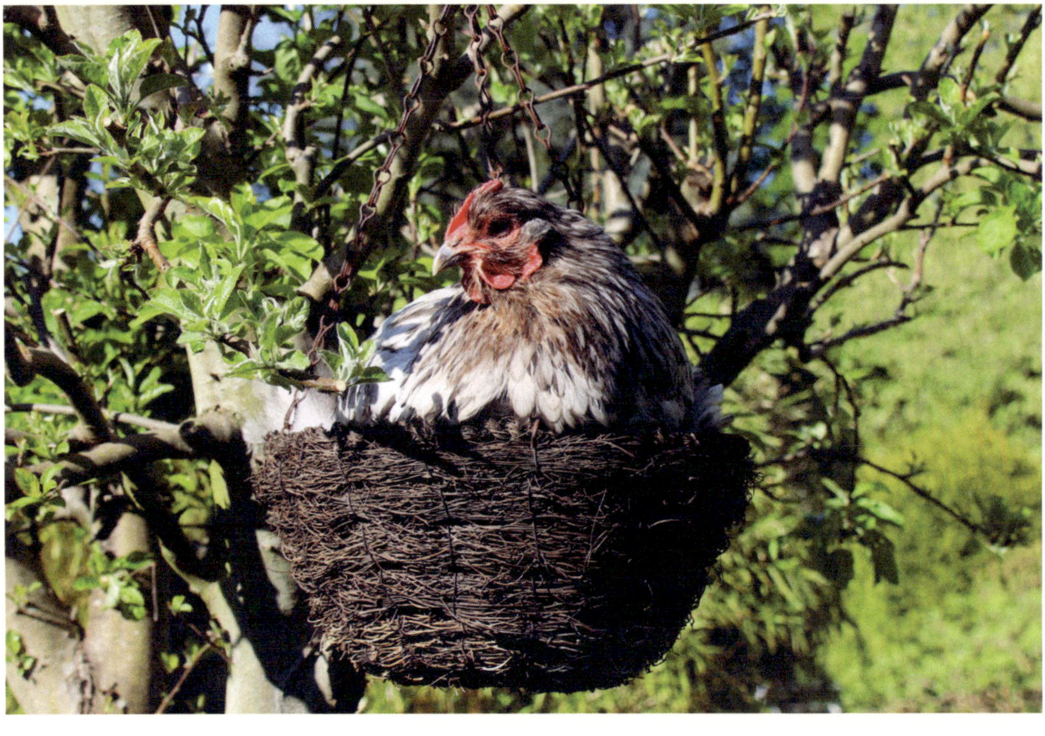

Verkünder des Lichts

An der Grenze zwischen Nacht und Tag verkündet der Hahn mit seinem Krähen eine neue Phase des Lichts und der Aktivität. Die Psychoanalyse sieht den Hahn ebenso an der Grenze zwischen Unbewusstem und Bewusstem. In diesem Sinne ist das Krähen des Hahns im Traum ein Zeichen, dass etwas aus dem Unbewussten „ans Licht drängt".

Lange glaubte man, dass die Hähne mit dem Krähen beginnen, wenn sich die ersten Sonnenstrahlen zeigen. Tatsächlich fangen sie oft vor der Dämmerung, also vor den ersten Sonnenstrahlen, an zu krähen, stellten japanische Wissenschaftler während einer Studie 2013 fest. Offenbar hängt es mit der inneren Uhr des Hahns zusammen.

Jesus und der Hahn

Jesus sprach zu ihm: „Wahrlich, ich sage dir: In dieser Nacht, ehe der Hahn kräht, wirst du mich dreimal verleugnen." Wenige Stunden später hat Petrus dreimal behauptet, Jesus nicht zu kennen. Als er das Krähen hörte, erinnerte er sich an Jesu Worte und „weinte bitterlich".

Redewendungen

Den roten Hahn aufs Dach setzen. Feuer legen

Es kräht kein Hahn danach. Uninteressant

Der Hahn im Korb sein. Als einziger Mann unter Frauen im Mittelpunkt stehen

Jemandem den Hahn zudrehen. Den Nachschub an (oft finanziellen) Mitteln einstellen

Hahnenkampf und Haushuhn

Den Hahnenkämpfen ist es zu verdanken, dass das Huhn domestiziert wurde. Da sind sich die Archäologen einig, zahlreiche Ausgrabungen weisen darauf hin. Der erste schriftliche Beleg für einen Hahnenkampf stammt aus dem China des Jahres 517 v. Chr. Zu dem Zeitpunkt waren Hahnenkämpfe bereits königlicher Sport mit sorgfältig ausgearbeiteten Spielregeln. Schon damals trugen die Kampfhähne künstliche Sporen aus Metall. Zu Beginn des 19. Jahrhunderts war der Hahnenkampf ein nahezu weltweit verbreitetes Freizeitvergnügen, das lediglich im Westen und Süden Afrikas keine Bedeutung hatte.

Aufgrund des natürlichen Aggressionstriebes gehen die beiden Hähne im Kampf aufeinander los und versuchen, sich ihrem Artgenossen gegenüber durchzusetzen. Es wird auf den Sieger gewettet, dabei ist der Tod eines der Hähne der Regelfall.

Der Wetterhahn

Die älteste erhaltene Wetterfahne in Form eines Hahns ist die Gallo di Ramperto aus dem Jahr 820 n. Chr. Sie ist heute im Museo di Santa Giulia in Brescia in der Lombardei zu sehen.

In der aus Grimms Deutschem Wörterbuch überlieferten Beschreibung von 1728 ist der Wetterhahn *„ein auf hohen gebäuden, an einer gerade aufwärts gestellten eisernen stangen gerichtetes blech in gestalt eines hahns oder fähnleins, an dessen ... bewegung man sehen kan, wo der wind herkömmt.“*

Sokrates und der Hahn

Platon überlieferte die Episode, dass Sokrates nach dem todbringenden Trunk des Schierlingsbechers daran dachte, dem Heilungsgott Asklepios einen Hahn zu opfern.

Die dem Hahn innewohnende Symbolkraft steht für Licht, den Tagesanbruch, Vitalität, Stolz und Kampfeslust. So dankt der Philosoph Gott für seine uneingeschränkte Gesundheit trotz hohen Alters, indem er seinen Widersachern ein letztes Mal vor Augen führt, dass sie ihn zu Unrecht zum Tode verurteilt haben.

Götterbote mit Hahn

Merkur, der Götterbote, galt als der Beschützer der Handwerker, der Künstler, der Reisenden, der Kaufleute, der Diebe, der kleinen Tiere. Er entspricht dem griechischen Hermes. Dargestellt wurde er als nackter junger Mann mit Flügelschuhen, Flügelhaube, Heroldstab, Geldbeutel und ... Hahn. Bereits im 4. Jahrhundert gab es kleine griechische Tanagra-Statuetten von Merkur Hermes samt Hahn als Grabbeigabe.

Hermes als Tanagra-Statuette, datiert auf das 4. Jahrhundert v. Chr.

Der Riese

Mit einer gewaltigen Größe und seinem ausladenden Gefieder passt der Schnabelzyklop kaum durch die Luke seines Hühnerstalls. Der Hahn, mit gefiederten Beinen und Zehen, erreicht ein Gewicht von rund 8 kg, die Henne etwas weniger. Diese Züchtung aus Nordamerika entstand durch eine Kreuzung mit aus China importierten Hühnern.

Hahn auf dem Scheiterhaufen

Im Jahr 1474 wurde in Basel ein Hahn geköpft und auf dem Scheiterhaufen verbrannt. Er habe Eier gelegt:

„Anno 1474 uff dornstag vor Lorentziy liessen die von Basel einen hannen verbrennen uff dem Kollenberg, der hat ein ey geleit. Und wardt das ey ouch verbrant; dan man vorcht, esz wurd ein wurm darusz. Und der hencker schneid den hannen uff und fand noch 3 eyer in im ligen.“

Das Zeichen Hahn im chinesischen Horoskop

Der Hahn ist das Zehnte im Zwölf-Jahres-Zyklus der Tiere des chinesischen Horoskops. Das nächste Jahr des Hahns beginnt am 13. Februar 2029 im „himmlischen Zeichen“ des Erdhahns.

Grundelemente der Astrologie für den Hahn

Irdische Zweige	酉
Die fünf Elemente	Metall / Gold
Körper	Knochen
Astrologisches Haus	X Karriere und Ruf
Glückszahlen	5, 7, 8; vermeiden: 1, 3, 9
Glücksblumen	Gladiolen, Hahnenkamm
Glückliche Farben	gold, braun, gelb; vermeiden: weiß, grün
Jahreszeit	Herbst

Veronika! Dein Schwan ist da

Als er zum ersten Mal landet, geschieht das unter Ausschluss der Öffentlichkeit. Zwischen dem Grundstück mit dem Hühnerhaus und dem von dort aus in der Ferne sichtbaren Waldstück liegt ein Streifen, der vor 20 Jahren als Bauland ausgewiesen wurde. Das Stück Land verwilderte, tiefer liegende Stellen wurden zu Tümpeln, Samen schlugen Wurzeln, junge Birken zeigten den langsamer wachsenden Sorten, wer das Sagen hat. Es entstand kein Urwald, aber ein Niemandsland ist es doch. Einmal hat hier ein Reh Nachwuchs zur Welt gebracht. Es existieren Bilder und Videos davon im Internet.

Die Hühner des Hofs blicken gern zum Niemandsland hinüber, aber nicht nur sie. »Serengeti darf nicht sterben«, murmelt der alte Schwiegervater, der den herumspazierenden Tieren manchmal Gesellschaft leistet. Hühner mögen alte Federlose. Sie bewegen sich gemächlich. Mit Hektik muss man bei ihnen nicht rechnen, sie versuchen auch nicht, einen unerwartet zu packen und auf den Arm zu nehmen.

»Das ist doch nicht etwa …«, sagt der alte Federlose plötzlich und deutet in die Luft. Nur Veronika steht in diesem Moment neben ihm. Er streckt den Arm in die Luft, Veronika sieht, was seine Aufmerksamkeit erregt. Da kommt jemand geflogen. Kein Winzling, der in jedes Vogelhäuschen passt. Die Federn des Vogels sind hell, sein Hals ist so lang, als wäre er ein drittes Bein, ein dritter Flügel … und von weitem wirkt er wie … ja wie … so märchenhaft anders.

Er wird langsamer, verliert an Höhe, die Flügel schlagen kürzer und schneller. Er fährt die Beine aus und im halbhohen Gras, das er deutlich überragt, steht der schönste Vogel, den Veronika jemals gesehen hat.

Sie denkt: Das ist eine Maschine, ein Drachen, ein Baby-Flugzeug.

»Ein Schwan«, sagt der Federlose verdutzt. »Was es nicht alles gibt. Ich habe hier draußen noch nie einen Schwan gesehen. Der Mercedes unter den Vögeln.«

Zwischen Schwan und Zaungästen mögen 15 Meter liegen. Ein kleiner Vogel wäre über diese Entfernung unsichtbar, der Schwan ist groß wie ein Hund. Sein Leib ist mächtig und der Hals ... Veronika kommt von dem Hals nicht los. Wozu braucht ein Vogel so einen langen Hals? Sie findet ihn nicht hässlich, im Gegenteil, er ist nur so ungewöhnlich. Als der Schwan seinen Hals bewegt, mit dem schönen Schnabel das Gefieder am Bauch und auf dem Rücken sortiert, wird Veronika ganz anders. Nichts an dem, was er tut, wirkt hektisch oder nervös. Seine Bewegungen haben einen Rhythmus, der die Henne fesselt. So sanft und gleichzeitig energisch, so souverän und schön, edel, nobel, unübertrefflich.

Dann setzt er sich in Bewegung. Der Federlose lacht: »Er hat einen eigenen Swimmingpool. Hier stört ihn nichts und niemand.«

Er steigt in den Tümpel. Drei oder vier Schwäne wären sich dort wohl ins Gehege gekommen. Aber da er allein ist, gleitet er mit hoch erhobenem Hals übers Wasser, gelangt ans andere Ufer, rupft da, zupft dort. Und als sich der Halm oder das Blatt nicht gleich lösen wollen, verbiegt er den Hals, der nun aussieht wie ein großes S.

Veronika spürt ein Kribbeln im Bauch. Es kribbelt auch im Hals und im Kopf. Die Henne ist verzaubert. Das ist so schön, denkt sie. Und du wolltest gar nicht herkommen. Was für ein Glück. Was für ein Tag. Die Federlosen haben für jeden Tag einen anderen Namen, obwohl jeder Tag meistens ist wie der nächste und der letzte. Die kleinen Federlosen sind stolz, wenn sie alle Namen hintereinander aufsagen können. Jetzt hast du auch einen Tag, ganz allein für dich. Heute ist der Schwanentag. Morgen ist der Tag nach dem Schwanentag. Und danach beginnen die Tage, an denen du dich auf den nächsten Schwanentag freuen kannst. Irgendwann kehrt der Federlose zu seinem Haus zurück. Veronika ist den Weg schon oft zusammen mit ihm gegangen. Heute muss er ihn allein finden.

Der Schwan ist weiß, nicht so bunt wie die hiesigen Hähne. Veronika begreift, dass Farbe wichtig ist, aber sie ist nicht alles. Wenn du einen Körper hast wie ein Schwan, brauchst du keine Farbe, denn so eine Klasse können dir auch 50 Farben nicht verleihen. Dieser Vogel ist vollendet. Einen Hühnerhahn guckst du einige Augenblicke an, wie er daherstolziert und angibt. Wenn er gerade nicht guckt, blickst du vielleicht etwas länger hin. Aber dann ist es auch gut. Er zieht dich nicht in den Bann.

Ein Hahn ist ein Hahn ist ein Hahn und er wird ewig das gleiche Gefühl in dir auslösen. Der Hahn ist praktisch, der Hahn macht Küken. Manchmal schlichtet er einen Streit unter Hennen. Und manchmal macht er einen Witz, der nie richtig lustig ist. Du lachst nur aus Höflichkeit. Der Schwan hat Klasse, er baut sein Nest am obersten Ende der ästhetischen Fahnenstange. Als würde die Natur dieses Lebewesen mit den besten Einzelteilen ausgestattet haben, die ihr zur Verfügung standen. Und es ist gelungen: Die Summe der Teile ergab makellose Schönheit. Viele Tiere sind schön, aber keins reicht an einen Schwan heran. Veronika wird bewusst, dass sie in diesem Moment die vielleicht schönste Begegnung ihres Lebens hat. Über 100 Küken hat sie bekommen und eine Million Eier gelegt oder ein paar weniger. Alles zusammengenommen reicht nicht an das Bild heran, das sich ihr gerade bietet.

Am nächsten Tag ist er nicht da. Veronika wartet, viele Vögel fliegen heute umher, weiter oben die stählernen, mit deren Hilfe die Federlosen ihre Flugunfähigkeit kaschieren. Echte Vögel können sie damit natürlich nicht hinters Licht führen. Sie steht auf dem gleichen Platz, an dem sie bei ihrer ersten Begegnung war. Kann man von einer Begegnung sprechen, wenn einer der beiden den anderen gar nicht gesehen hat?

Veronika ist enttäuscht. Gegenüber den Kolleginnen hat sie betont beiläufig die Bitte fallenlassen, dass man sie benachrichtigen möge, falls rein zufällig ein großer weißer Vogel … Dann hat sie geschwiegen, denn alle anderen guckten sie an, als wüssten sie mehr als Veronika.

Wie er wohl heißen mag? Soll sie ihn ansprechen? Aber wie spricht man einen Schwan an? Bei deinesgleichen ist das kein Problem: ein Flügel auf den Flügel des anderen und ein Lächeln. Oder ein kurzes Hochziehen des Kopfes und: Was geht ab? Komplizierter ist das nicht. Weil wir Hennen sind. Hennen sind einfach. Wir sind Dutzendware. Wir nennen das nicht so, weil es uns nicht fröhlich stimmen würde. Aber eigentlich sind wir nichts Besonderes.

Veronika stellt sich vor, eine Schwanenfrau zu sein. An wen muss man sich wenden, falls man auf halber Strecke des Lebensweges die Sehnsucht verspürt, zu einer anderen Vogelart zu werden? Nie zuvor hat sich Veronika für ihren Körper geschämt. Dann kommt ein Schwan dahergeflogen und sie träumt davon, sich zu optimieren. Zur Schwänin Veronika würden alle aufblicken. Nicht nur, weil sie kleiner sind. Es ist der Stil. Schwan sein, heißt, die banale Hühnerexistenz hinter sich zu lassen und Sphären zu erreichen, von denen eine 08/15-Henne nur träumen kann.Wenn die Federlosen über Hühner sprechen – und das tun sie oft –, hat Veronika bisher nie hingehört. Das bedauert sie jetzt. Vielleicht hätte sie sonst längst Kenntnis davon erhalten, dass eine Möglichkeit für Hühner und andere Vögel existiert, wie ein Schwan zu leben. Sieben Tage Schwan auf Probe! Vielleicht existiert ja ein Geschäft, in dem Hühner ein Schwanenkostüm ausleihen können. Vielleicht gibt es im Fernsehen Unterhaltungsshows, in denen man einen Termin beim Schwanen-Arzt gewinnen kann. Schneeweißes Gefieder. Gestreckter Hals. Bewegungstraining, das einer plumpen Henne die Grazie eines Schwans beibringt – Veronika seufzt und ist von großer Sehnsucht erfüllt.

»Veronika! Dein Schwan ist da!«

Sie bricht sich fast den Hals, so knapp nimmt sie die Kurven. Marybelle wartet am Zaun. Der Schwan ist schon im Wasser, zieht seine Bahnen, ohne sich im Geringsten anzustrengen. Als würde ihn ein Fisch ziehen. Veronika versucht zu begreifen, was sie fühlt und was sie sieht. Sie möchte nicht riskieren, ausgelacht zu werden. Aber Marybelle ist eine Schwester, Hennen sind freundlich miteinander. Sie trösten sich, sie bauen sich auf und verraten sich nicht – nie! Sollte jemals ein Hahn versuchen, eine Henne gegen eine andere Henne auszuspielen, wird er das bereuen. Hennen kämpfen nicht gern, manche tun es nie. Aber einen unverschämten Hahn zu bestrafen, das kriegen sie fertig. Zu zweit geht es noch besser. Es gibt Hähne, die nach solchen Erlebnissen nicht mehr die Alten sind.

Auch Marybelle gefällt der Schwan und so widerspricht sie nicht, als aus Veronika eine Lobeshymne herausplatzt. Aber Marybelle gerät nicht außer Rand und Band. Natürlich ist das ein Vorteil, Konkurrenz wäre das letzte, was Veronika jetzt brauchen könnte. Doch ein wenig mehr Enthusiasmus würde Marybelle nicht umbringen.

Veronika wird bewusst, dass Worte enge Grenzen haben. Für die Themen des Alltags reichen sie in der Regel aus. Bei allem, was darüber hinausgeht, kommen Worte dem Gemeinten und Gefühlten nur nahe, aber sie treffen es nur selten.

Veronika denkt: Ich brauche ein Musikinstrument. Sie hat erlebt, wie Federlose zu weinen beginnen, wenn eine Geige ertönt oder ein Klavier. Veronika weiß, welche Laute sie erzeugen möchte. Dann hätten die Mithennen keine Chance, sie falsch oder gar nicht zu verstehen. Aber Hühner spielen keine Instrumente. Das erste Huhn, das es schafft, wird für den Rest seines Lebens ausgesorgt haben. Es wird im Fernsehen auftreten und in riesigen Räumen, die man Saal nennt. Und in Fußballstadien, wo viele tausend Hühner warten und Popcorn picken.

Auch am nächsten Tag ist er da! Niemand musste Veronika rufen, sie hat es gespürt! Sie rennt hinters Haus, eilt bis zum Zaun und sieht ihn, wie er im Wasser seine Bahn zieht. Er ignoriert sie wie jedes Mal. Aber das ist nicht wichtig.Sie stellt sich die gemeinsamen Kinder vor. Wie sie wohl aussehen mögen! Dann der Schreck: Ist er überhaupt ein Schwanenmann? Himmelt sie vielleicht seit Tagen eine Schwester an? Ist eine Schwänin die Schwester einer Hühnerfrau? Sind Schwäninnen Schwanenhennen? Welche Sprache sprechen Schwäne? Und der nächste Schreck: Können Schwäne überhaupt sprechen? Veronika wird bewusst, dass sie nichts weiß. Sie besteht aus lauter Gefühl und nichts als Schwärmerei. Dabei wissen alle Hennen seit ihrer legendären Anführerin Hertha: Macht euch schlau, solange ihr die Gelegenheit habt! Recherche ist mehr als die halbe Miete! Und nie vergessen: Das Gewehr schießt weiter als ihr glaubt. Den Sinn der letzten Bemerkung hat Veronika nie begriffen, aber Hertha war eine sehr kluge Henne.

Auf dem Hühnerhof wohnen keine anderen Vögel, Veronika lebt in einer sehr provinziellen Welt. Die Globalisierung ist hier noch nicht angekommen. Darüber reden aber die Federlosen, unter denen mehrere Paare vorkommen, wo die Partner unterschiedlich sind. Sehr unterschiedlich. Manchmal so unterschiedlich, dass die Hühner vor dem Einschlafen darüber plaudern. Die Federlosen-Paare sind sich nicht so ähnlich wie im Tierreich. Sie essen nicht einmal dasselbe, bei den Tieren ist das normal. Und auch vernünftig, weil es die Vorratshaltung erleichtert und man sich nicht jeden Tag darüber verständigen muss, was heute in die Schüssel kommen soll.

Plötzlich steht Roderich neben den beiden Hennen.»Ich komme rein zufällig vorbei. Da sehe ich bekannte Gesichter und ich denke mir: Schau einfach mal unverbindlich vorbei. Vielleicht kannst du helfen. Bekanntlich helfe ich gern.«

»Das ist uns leidvoll bekannt«, holzt Marybelle zurück.

Sie ist kein Fan von Roderich, der jetzt den Schwan entdeckt.

»Ach du meine Güte! Was haben wir denn da für einen Schönling! Da mag man ja gar nicht hinsehen! Da verbrennt man sich ja die Augäpfel!«

Niemand reagiert und Roderich setzt hinzu: »Ihr müsstet euch beide sehen! Wie halbwüchsige Teenie-Hennen! Das da hinten könnt ihr vergessen. Das liegt außerhalb eurer Möglichkeiten.«

»Und was liegt innerhalb?«, kontert Marybelle.

Roderich streicht mit beiden Flügeln an seinem Leib entlang und lächelt erwartungsvoll.

»Danke«, knurrt Marybelle. »Mir ist schon übel.«

Im Hühnerhaus kehrt heute auf der Stange erst spät die Ruhe ein. Die Kunde vom schönen Schwan macht die Runde. Veronika hängt ihren Träumen nach.

Am nächsten Vormittag zieht es sie erneut zum Teich. Wie vom Blitz getroffen stoppt Veronika. Sie sieht, wie zwei Schwäne Richtung Tümpel marschieren. Sie kommen aus der Richtung des Wäldchens. Zwischen den beiden laufen zwei Küken, große graufarbige Kinder von der Größe zierlicher Hühner.

Veronika fällt vom Glauben ab. Zuerst steigt ihr Schwarm ins Wasser, danach die Kleinen. Den Abschluss bildet die Schwanenmutter. Fürsorglich hat sie in jeder Sekunde ihre Brut im Auge, sanft ziehen sie ihre Bahnen. Veronika wird bewusst, dass sie womöglich einen historischen Moment miterlebt: die erste Begegnung der kleinen Schwäne mit dem Wasser. Sie schwimmen wie eine Eins. Ihre wichtigste Fähigkeit war fertig in ihnen angelegt. Die Wut schießt in Veronika hoch wie ein Vulkan. Eine leise Stimme in ihr sagt: Geh einfach. Lass sie in Ruhe. Das ist nicht deine Welt. Aber die Stimme wird mit jedem Wort noch leiser. Als Veronika sie nicht mehr hört, klebt sie am Zaun und schreit, wie von Sinnen vor Eifersucht und Hass auf die Schwanenfrau: »Hühnerficker! Hühnerficker!«

Die großen Schwäne stutzen, der Vater plädiert gestisch für ein Weiterschwimmen, aber die Schwänin lächelt ihn bitter-gefährlich an und sagt: »Ich glaube, wir beide müssen reden.«

Hühner dieser Welt

Mode Huhn
Karl Lagerhuhn

Royales Huhn
Prinz Huhn

Huhn aus Hollywood
Gwyneth Huhntrow

Hühner der Weltgeschichte
Dschingis Hahn

Prominente Hühner
Barbara Hühneberger

Bekannte Film-Hühner
Hahn - Solo

Mein Name ist Agathe

Mich lässt das Huhn nicht los

Hertha die Superglucke

Ein Flügel auf den Flügel des anderen und dann
ein Lächeln

Eine Legelegende

Das Ei, aus dem ich kam, hab ich selbst gelegt

Fang einem Mann ein Ei, und er wird satt

Jann Wattjes

Manche Hähne glauben, dass die Sonne ihretwegen aufgeht

Theodor Fontane

Da lachen ja die Hühner

Es mag der Hahn sein, der kräht, aber es ist die Henne, die die Eier legt

Margaret Thatcher

Leidenschaft für Hühner

„Hühnerficker! Hühnerficker!"

Fang einem Mann ein Huhn, und er wird einen Freund haben fürs Leben!

Jann Wattjes

Das Huhn in den Sozialen Medien

Instagram Beiträge

#landleben	1.376.392 Beiträge
#hühner	286.829 Beiträge
#küken	142.104 Beiträge
#hühnerliebe	133.586 Beiträge
#hühnerhaltung	59.657 Beiträge
#hühnerimgarten	61.732 Beiträge
#hühnermobil	12.200 Beiträge
#hühnerglück	25.292 Beiträge
#hühnergott	8.303 Beiträge
#hühnermachenglücklich	5.982 Beiträge

Das Wort Huhn wird öfter verwendet:

#chicken	31.264.036 Beiträge
#chick	2.129.182 Beiträge
#chickenlove	521.112 Beiträge

Am häufigsten verwendete „huhn"-Hashtags auf Instagram

#hühner #hühnerliebe #hühnerstall #hühnersuppe #glücklichehühner #hühnerhaltung #hühnerimgarten #verrücktehühner #gartenhühner #hühnerbrust #zwerghühner #hühnerfrikassee #seidenhühner #hühnergott #hühnermobil #hühnerzucht #hühnerfleisch #hühnerhaufen #hühnerhof #eiervonglücklichenhühnern #hühnerglück #hühnerposten #hühnerbrühe #hühnerhaus #hühnerei #schwedische-blumenhühner #freilandhühner #hühnergötter #hühnerleben #hühner-haut #diewildenhühner #hühnereier #wiediehühneraufderstange #blumenhühner #hühnerfilet #hühnerküken #hühneraufderstange #hühnerfutter #wildehühner #hühnersuppeistdiebestemedizin

Demografie

Das Hashtag #hühner wird am häufigsten von Nutzern im Alter
von 25 bis 34 Jahren verwendet.

Alter der User #Hühner %	
13–17	1,03 %
18–24	10,3 %
25–34	47,42 %
35–44	35,05 %
45–54	6,19 %
55–64	0 %
65–...	0 %

Geschlecht der User #Hühner	
Weiblich	71.57%
Männlich	28.43%

Google

Gesucht: „Hühner"
Rund 16.100.000 Ergebnisse

Meldepflicht für die Halter von Einhufern, Klauentieren und Geflügel

Die Registrierung ist unabhängig von der Größe Ihres Bestandes erforderlich
und muss spätestens zum Beginn Ihrer Tätigkeit erfüllt sein. Dies gilt auch
für Hobbyhalter. Auch Änderungen oder die Aufgabe der Tierhaltung sind
unverzüglich mitzuteilen. Wer z. B. in Hamburg Rinder, Schweine, Pferden,
Schafe oder Ziegen hält, muss sie bei der Tierseuchenkasse anmelden. Dies
erfolgt automatisch mit der Registrierung.

Das Tierschutzgesetz und die artgerechte Haltung

Wer sich in Eigenregie um seine Hühner kümmert, der muss für die artgerechte Haltung sorgen. Die tierschutzrechtlichen Mindeststandards sind in der Tierschutz-Nutztierhaltungsverordnung (TierSchNutzV) aufgeführt. Diese richtet sich in erster Linie an gewerbliche Hühnerhalter. Die Mindestanforderungen der TierSchNutzV einzuhalten ist für den Hobbyhalter eine Frage der Ehre!

Impfpflicht für Hühner

Alle sechs Wochen ist es Pflicht, seine Hühner gegen die Newcastle-Krankheit zu impfen. Eine einfache Trinkwasserimpfung reicht aus. Den Impfstoff erhält man in der Regel beim örtlichen Kleintierzuchtverein. Alternativ bietet sich bei der Haltung weniger Tiere eine Schutzimpfung durch den Tierarzt an, diese ist nur jährlich notwendig.

Hühner im Altenheim

Aktivitäten mit Tieren verbessern das psychische und physische Wohlbefinden der Bewohner von Altenheimen. Ihre Neugier macht die Kontaktaufnahme einfach, so bringen sie Abwechslung in den Alltag, können von den alten Menschen umsorgt werden und regen zum Gespräch an. Das Streicheln der flauschigen Federn berührt, spendet Trost und körperliche Nähe und rührt auch an Erinnerungen, was besonders für demente Bewohner eine wichtige Rolle spielt.

Hühnerhaltung

Geflügelproduktion   Freigehege   Freilandhaltung   Kleingruppenhaltung
Mobilstallsystem   Hühnertraktor   Ökohaltung

Hühnernamen – die die Menschen den Hühnern geben

❧ Agnes ❧ Amelia
❧ Gerda ❧ Hanna ❧ Kurdis
❧ Renate ❧ Brigitte ❧ Meghan ❧ Luise ❧ Gack
❧ Lydia ❧ Lene ❧ Frau Scholz ❧ Curry ❧ Diva
❧ Dottie ❧ Frittata ❧ Prost ❧ Albert ❧ Attila
❧ Cluck Kent ❧ Gluck Norris ❧ Hen Solo
❧ Joringel ❧ Arielle ❧ Eva Frost
❧ Toffee und Fee

(Miniauswahl)

Ein Huhn auf dem Großstadtbalkon?

Durch die Coronakrise ist die Nachfrage nach jungen Legehennen stark gestiegen. Früher Fleisch- und Eierlieferanten, verkörpern sie heute ein Lebensgefühl, das »hygge« ist. Doch die Idee, vermittels Huhn der Lockdown-Einsamkeit zu entfliehen, hatten zu viele Menschen. Jetzt werden viele Tiere wieder abgegeben, die Tierheime sind überfüllt. Das Berliner Tierheim meldet bereits „Hühner-Notstand".

Urban Livestock Farming

Die gefiederten Eierleger sind bei Kindern und Eltern in den Großstädten überaus beliebt. Viele Familien haben auf nachhaltige Ernährung umgestellt und genießen die frischen Eier aus der eigenen Hühnerschar. Die Coronakrise hat definitiv verstärkt.

Rent a Huhn

Wer schon immer mal wissen wollte, wie es sich so lebt mit Hühnern und wie die Eier aus der eigenen Hühnerherde schmecken, kann erst mal ein paar Gefiederte leihen. Die gibt es als Komplettpaket mit allem, was hühnergerechte Haltung erfordert. Also auch einen Stall. Plus Einweisung. Der Mietpreis beträgt zwischen 70 € und 90 € pro Woche. Geliefert werden

3 bis 5 Legehennen / Hühnerstall / Steckzaun / Hühnerfutter / Sandbad / Futtertrog und Tränke

#hühner 289.505 Beiträge

@happy.huhn	57 k Follower
@rettetdashuhnev.official	32,8 k Follower
@huehner_paradies	1,5 k Follower
@befluegelt.vet	4,7 k Follower
@huehnergechichten	8,01 k Follower
@huehner_shop	5,4 k Follower
@eierschachteln.de	6,2 k Follower
@gefluegelboerse.de	1,3 k Follower

Moorhuhn-Mania

Im Jahr 1999 feierte das Moorhuhn sein Debüt. Das kostenlose Spiel „Die virtuelle Moorhuhnjagd" sorgte dafür, dass die Mitarbeiter zahlreicher Firmen lieber auf die Jagd am PC gingen, anstatt ihren Job zu machen. Das Shoot'em-up-Spiel entwickelte sich zum Massenphänomen der 2000er Jahre. Es wurde beliebtester deutscher Computerspiel-Charakter mir einer Markenbekanntheit in Deutschland von über 84 %, 15 Mio. verkauften Einheiten und über 80 Mio. Demo-Downloads. „Moorhuhnschießen" schaffte es 2000 zum Eintrag in den Duden.

Die Hühner und was sie für uns tun

Legehühner werden für das Eierlegen genutzt.

Fleischhühner wiegen 4 bis 5 Kilogramm, sind weniger aktiv und legen geringere Mengen Eier als Legehühner.

Legehybride legen im ersten Lege-Jahr bis zu 330 Eier. Damit haben sie ihr Lebenswerk vollbracht. Sie können mit zwei Kilogramm Futter ein Kilogramm Ei erzeugen. Klassische Rassehühner benötigen dafür bis zu fünf Kilogramm.

Mast-Hybridhühner sind in konventioneller Haltung nach knapp einem Monat schlachtreif, in der Öko-Landwirtschaft dauert die Mast eines Hybridhuhns etwa vier Monate.

Naturbrutfähige Hühnerrassen brüten ursprünglich ihre gelegten Eier fürsorglich aus. Den meisten Hühnern wurde mittlerweile der Bruttrieb abtrainiert, da die Eier täglich aus dem Nest genommen werden.

Zierhühner sind optisch schön und werden auf Ausstellungen gezeigt.

Deutsches Geflügelmuseum

Hühner sind das lebenslange Hobby von Günter Schneider. Seine ersten Zwerghühner hielt er bereits mit elf Jahren. Mit großem Einsatz engagierte er sich lebenslang im Bereich Thüringer Rassegeflügel. Schneider sammelte Hühnerdevotionalien, Erbstücke, Sammelstücke, Verblüffendes und Rares und eröffnete in Viernau 1995 in seinem Privathaus das Deutsche Geflügelmuseum. Elf Räume randvoll mit 15.000 Raritäten sind für Hühnerfans eine reine Freude. Siehe hierzu auch die Fotos auf den Seiten 170 und 171!

www.thueringen.info

Nachname Huhn

In Deutschland auf Platz 1098 des Nachnamen-Rankings.
9089 x in Deutschland vertreten.

Übername zu mittelhochdeutsch *huon* (Huhn) als Schimpf- oder Kosename, zum Teil auch für den Hühnerhalter, -händler, zum Teil auch Koseform zum Rufnamen auf althochdeutsch *hûn* (der Hunne) oder altsächsisch *hûn* (junger Bär).

Mögen Hühner Promis?
Jedenfalls lieben Promis Hühner

Isabella Rossellini ❧ Jennifer Garner
❧ Julia Roberts ❧ Meghan & Harry ❧ Reese Witherspoon
❧ Gisele Bündchen ❧ Nina und Felix Adlon ❧ Sarah Wiener
❧ Maria Furtwängler ❧ Prinz William und Prinzessin Katherine
❧ Verena Pooth ❧ Barbra Streisand (Grünleger)
❧ Barbara Schöneberger ❧ Tori Spelling (Rasse Silkie Bantam)
❧ Madonna ❧ Prinz Charles
❧ u. v. a. m.

YouTube-Snippets

45.295.262 Aufrufe Krähruf der Hähne
20 verschiedenen Hühnerrassen im Vergleich

248 Folgen Serie Happy Huhn
Robert Höck, 756.000 Abonnenten

2.070.000 Ergebnisse, 0,43 Sekunden
Google-Suche „YouTube Hühner"

MIT DEM BALZ-RITUAL "HAHNENKAMM"
GELINGT ES MÜHELOS,
DIE HÜHNER AUF INSTAGRAM IN WILLENLOSE
BEGEISTERUNGS-EXTASE ZU VERSETZEN.

Schwestern! Mithennen! Freundinnen!

S chwestern! Neu angekommene Mitbürgerinnen der letzten Woche! Waltraut! Vor allem Waltraut!«

»Antrag zur Tagesordnung!«

»Abgelehnt!«

»Aber ich habe noch gar nicht ...«

»Auch abgelehnt.«

»Du kommst dir besonders schlau vor, wie?«

»Das hast du gesagt, aber ich will nicht widersprechen. Wir sind ein freier Stall in einem freien Land.«

»Manchmal redest du wie eine Federlose wenn sie ihre altklugen fünf Minuten hat! Wenn du glaubst, dass du dir mit launigen Bemerkungen Freundinnen machst, hast du dich ...«

»Hast du mich je lustig erlebt?«

»Wo du recht hast, hast du recht. Du bist unsere sturste Henne. Und wenn man alle Freundinnen auf allen anderen Höfen mitzählt, bist du immer noch die sturste.«

»So sieht das aus. Und woran liegt es, dass ich so bin? Weil ich mir für mein Hennenleben gern Gedanken mache. Wichtige Gedanken, ernsthafte Gedanken, grundlegende Gedanken.«

»Mal daran gedacht, etwas lockerer zu werden?«

»Locker!? Was ist denn locker? Ein Ei nach dem anderen rausdrücken und acht bis zehnmal am Tag in den Freilauf kacken?«

»So ist das Leben. Daran ist nichts zu ändern. Futter rein, Ei raus. Unterschrift: Mit freundlichen Grüßen, dein Huhn.«

»Ich hätte es nicht besser formulieren können. Rein, raus und im Finale: Axt durch Hals, Kopf ab, Federn runter und dann 80 Minuten bei 200 Grad Oberhitze.«

»Lasst unsere Schlaumeierin endlich reden! Ich mag ihre Vorträge, auch wenn sie oft gruselig sind. Und schrecklich langatmig. Aber ich nehme jedes Mal etwas mit nach Hause.«

»Aber du lässt auch etwas hier, so gleicht sich das aus.«

»Was reingeht, muss wieder rauskommen. In veränderter Form, nicht ganz so appetitlich, aber raus, dahin, wo die Sonne scheint. Das Leben ist kein Tierfilm.«

»Mithennen! Freundinnen! Schwestern! Ich bitte um Aufmerksamkeit! Bitte haltet jetzt den Schnabel, ist gar nicht schwer ... Vielen Dank.«

»Das Einzige, was dir zu deinem Unglück noch fehlt, ist, ein Hahn zu sein! Dann wär die Witzfigur komplett!«

»Die Respektlosigkeit sei dir gegönnt, liebe Agatha. Weil wir alle leidvoll miterlebt haben, welchen unglücklichen Verlauf deine ... sagen wir ... deine Bekanntschaft mit Grandioso nahm.«

»Unglücklich! Dass ich nicht gackere. Das war nicht unglücklich! Das war ein Desaster von vorn bis hinten! Der Kerl ist noch dümmer als er aussieht! Und er sieht schon ziemlich ...«

»Wie gesagt: unglücklich. Grandioso ist gewiss keine Zierde seines Berufsstandes.«

»Der Kerl kriegt seine Natur nicht auf die Reihe! Er ist für seine Aufgabe ungeeignet! Meinetwegen kann er bespringen, was er will. Tränke, Hackklotz, Tauben oder diese Schildkröte von dem kleinsten der kleinen Federlosen, was er bereits getan hat. Ich habs gesehen. Ich versichere euch, das ist nichts, was man zweimal erleben will.«

»Und die Schildkröte?«

»Ist weitermarschiert, während Grandioso sich in bewährter Manier abmühte. Er hat es überhaupt nicht bemerkt.«

»Unser Grandioso, immer eifrig, immer daneben. Aber hat es nicht auch etwas ... etwas Heroisches, wie er immer wieder unverdrossen an den Start geht? Obwohl jeder weiß, dass er am Ende auf dem Bauch liegen wird, ohne zum Zuge gekommen zu sein?«

Viele Federlose nehmen an, dass Hühner nur gackern können. Und alle paar Minuten dieses Gurgeln in der Kehle produzieren, das die Federlosen so lieben. Aber Hühner können noch mehr: Anders lässt sich das schadenfrohe kollektive Keckern nicht erklären, das in diesem Moment den Versammlungsplatz neben den üppig ins Kraut geschossenen Johannisbeerbüschen erfüllt.

»Schwestern!«

»Komm zum Thema! Wir werden alle nicht jünger.«

»Es wird Zeit, du hast natürlich recht, Kackarina.«

»Katarina! Katarina! Mit t, nicht mit ck.«

»Okay, mein Fehler.«

»Ich bitte um ein Minimum an Höflichkeit, sonst werde ich andere Saiten aufziehen. Mein Name ist ...?«

»Ka... Katarina?«

»Na bitte, geht doch. War das nun so schwer? Fang jetzt an.«

»Ich möchte etwas sagen!«

»Hiltrud, wer auch sonst! Seis drum. Wortmeldung gewährt.«

»Danke sehr. Ich wollte nur kurz sagen, was ich gerade fühle.«

»Bringen wir es hinter uns.«

»Manchmal habe ich das Gefühl, dass wir uns so anhören wie die Federlosen. Nicht immer, natürlich nicht immer. Das wäre ja schrecklich. Aber es kommt vor und eben gerade ist es wieder vorgekommen. Manchmal reden wir so polemisch und eitel wie sie. Damit legen wir es geradezu darauf an, falsch verstanden zu werden.«

»Die Federlosen sind nicht dumm! Auch die, die nicht so aussehen, als hätten sie den Futternapf erfunden, sind nicht ...«

»Das meine ich ja. Sie sind es im Grunde nicht, aber sie tun so als ob. Deshalb streiten sich die Federlosen so oft. Weil sie mit ihrer Sprache umgehen wie Lewandowski seit sechs Spielen mit seinen Torchancen.«

»Was ist dieses Lewandowski? Muss ich das kennen? Kann man das essen?«

»Wir hörten soeben Originaltext von Windsbraut, die ihren Namen mit Würde, aber offensichtlich vergeblich trägt, den ihr zu ihrem Einstand von Dora, unserer großzügigsten Fütterfrau unter allen Federlosen, verliehen wurde. So, aber nun, liebe Schwestern! Nach dem bei uns wohl nicht zu vermeidenden Procedere, wollen wir endlich ...«

»Federloser im Anmarsch! Federloser im Anmarsch!«

»Also wirklich! Das ist nicht freundlich von euch. Das ist ...«

»Wir wussten es alle seit langem, wollten es aber nicht wahrhaben! Sie redet wie eine altkluge Federlose!«

»Okay, ihr habt ja recht. Möglicherweise habe ich mich ...«

»Zieht ihr die Kappe vom Gesicht! Grandioso hat sich als Henne verkleidet!«

»Also bitte. Von den Federlosen unterscheidet mich doch einiges ...«

»Sie wird weinerlich! Jetzt hat sie wieder Ähnlichkeit mit unserer selbsternannten Vortragskünstlerin. An ihrer verletzten Eitelkeit sollt ihr sie erkennen. In Dreigottesnamen: Fang endlich an! Keine Abschweifungen mehr. Ich bin eine Henne, ich langweile mich schnell.«

»Darf ich daran erinnern, dass ich allein fünf Minuten brauchen werde, um mich warm zu reden?«

»Na dann. Hat mich gefreut. Platz da, ich bin raus.«

»Gib unserer Vortragskünstlerin noch eine Chance.«

»Sie hatte hundert Chancen. Hundertmal hat sie sie versemmelt. Und warum? Weil sie sich so gern reden hört.«

»Sie nennt es Konzentrationsphase.«

»Das hat sie sich von den Federlosen abgeguckt. Die schicken auch immer die Warnung voraus, dass nun eine Langweiligkeit folgen wird. Ich kanns nicht mehr hören. Ich habe nur ein Leben. Und nach allem, was ich höre, kann es kürzer sein als ich für möglich halte.«

»Aber du wirst nicht umsonst gelebt haben. Du wirst einen nützlichen Zweck erfüllen – bis zum letzten Moment.«

»Meinst du diesen Moment, den wir alle nicht mehr bewusst mitkriegen werden?«

»Du hast manchmal eine unerhört kalte Art, die Wahrheit auszusprechen. Warum tust du das? Fühlst du dich dann besser?«

»Möglich.«

»Mal daran gedacht, dass wir anderen uns dabei aber nicht besser fühlen?«

»Auch möglich.«

»Dann verkneif es dir. Ich bin keine Freundin von der Art und Weise, wie die Federlosen miteinander reden. Manchmal stellen sich bei mir alle Krallen in die Höhe, wenn ich sie reden höre. Aber was sie über das Sterben und das Totsein sagen, das sich zeitnah daran anschließt, das unterschreibe ich.«

»Nämlich?«

»Dass sie es eben nach Möglichkeit nicht aussprechen! Eine lauwarme Andeutung, ein, zwei Worte, dann weichen sie aus, machen einen Witz, wo kein Witz hingehört.«

»Sterben muss jede.«

»Kolleginnen!«

»Manchmal denke ich, die Federlosen bleiben nur so lange aufrecht, wie sie sich mit Beschäftigungen von ihrer größten Angst ablenken können.«

»Heh, Kolleginnen!«

»Aber hinter der nächsten Ecke lauert wieder diese Angst, vor der sie einknicken. Dann sind sie arme Würstchen, dann tun sie alles, um sich irgendwie abzulenken.«

»Wenn ihr nicht sofort den Schnabel haltet und die ideale Zuschauerinnenposition einnehmt, wird mir nichts anderes übrigbleiben, als das bewusste Huhn zu mimen. Das kranke Huhn, das wankende kranke Huhn, bei dem der Federlose sofort an die schlimmste aller Möglichkeiten denkt: Hühneraua, wie wir es nennen. Geflügelpest, wie die Federlosen es nennen. Und dann, meine Damen, dann …«

»Das tust du nicht! Das tust du nicht! Wenn du das tust …«

»Eure Entscheidung.«

»Um die Straßenecke, einen Hühnerfußmarsch geradeaus und weiter Richtung Horizont, da haben sie alle Hühner platt gemacht. Wegen der Geflügelpest!«

»Sag bloß? Ist das denn die Möglichkeit.«

»Und wenn ich sage: platt gemacht, dann meine ich …«

»Wir wissen alle, was du meinst.«

»Aber die Hühner da, die waren wirklich krank. Wir hingegen sind kerngesund, frisch und fidel. Wir sind so stabil, dass wir sogar Grandiosos Verrenkungen überstehen, ohne uns totzulachen. Da hinten mussten alle Hühner sterben.«

»Wirklich!? Glaubt man ja gar nicht.«

»Du scheinheilige Natter! Du weißt genau … Das ist so schäbig von dir.«

»Wie gesagt: eure Entscheidung. Ich halte den Schnabel, solange ich noch einen Rest Hoffnung habe, dass ich endlich mit meiner Rede beginnen kann. Einen Rest Hoffnung habe ich noch, der kleiner wird und immer kleiner. Ich erkenne ihn mit bloßem Auge kaum noch. Kleiner, immer kleiner …«

»Okay! Du hast gewonnen! Schwestern, sammeln! Bildet den Kreis, den unsere Rednerin so sehr liebt, dass sich ihr Gefieder sträubt …«

»Ja, das ist wahr. Es ist ein starkes Glücksgefühl. Schade, dass ihr nicht nachfühlen könnt, wie ich mich in diesen Momenten fühle. Weil euch das Gen fehlt, dieses Gen, wo ich mitmuss, wo es kein Halten gibt.«

»Fang an!«

»Freundinnen, Kolleginnen, Winterleger, Sommerleger, Ungeradetageleger, Rundumsjahrleger. Oh, wer kommt denn da?«

»Ich bin gar nicht da.«

»Du weißt nicht, wie recht du damit hast, Grandioso.«

»Ich kam rein zufällig des Weges. Ich habe auch nichts in der Hinterhand, im Hinterhalt ...«

»Brich dir keinen ab. Ich begrüße euch endlich zur neuen Ausgabe meiner langen und erfolgreichen Vortragsreihe. – Okay, aus dem ungeduldigen Flügelschlagen höre ich heraus, dass ihr es kaum erwarten könnt. Das Thema meines heutigen Vortrags wird euch von den Füßen reißen. Es lautet: Philosophie des Pickens. Verfressenheit vom Mittelalter bis zur Gegenwart. Mit praktischen Beispielen! Es war ein kühler Frühsommertag im Jahre 1369 ...«

Hähne mit ihrer eindeutigen Symbolik überwiegen bei den Tattoomotiven. Aber auch Hennen mit Küken haben ihren Platz auf der Haut. Gestochen wird im Stil „black & grey", „Flora & Fauna" oder klassisch. Wer nicht lebenslang mit einem Motiv durchs Leben gehen möchte, wählt temporäre Tattoos, die nach einiger Zeit wieder verblassen.

Hertha – Nachruf auf eine Legende

Der Hof ist mit Zäunen eingehegt. Die Sicherung dient zwei Zwecken: den Hühnern Ausflüge zu erschweren, und, was noch wichtiger ist, ungebetenen Gästen den Zutritt zu verwehren. Selbst friedliche Hunde und Katzen aus der Nachbarschaft wären beim Kontakt mit einer großen Zahl Federvieh nicht mehr berechenbar. Für die Henne Hertha stellen Absperrungen keine unüberwindbaren Hindernisse dar. Gesegnet mit einem Talent zum Auffinden von Schwachstellen in Zäunen, verschafft sie sich und ihren Mithennen in Nullkommanichts unauffällige Öffnungen für Ausflüge, Erkundungstouren, Besuche.

Jeden zweiten Tag steht sie vor dem Eierautomaten im Einzugsbereich ihres Hühnerhauses und spürt, wie Rührung ihr Herz ergreift. Es ist so leicht, dem Hennenleben einen Sinn zu verleihen, der weit über Fressen und Legen hinausgeht. So schön die Aufzucht von Küken ist, jede Glucke muss sich sorgfältig überlegen, wie weit sie es mit der innerlichen Bindung an die Nachkommen treiben will. Denn der Abschied ist bei den Knäueln immer schon eingepreist. Früher oder später werden fremde Federlose auftauchen. Worte wie »süß«, »mir kommen die Tränen vor Rührung« und »ich will alle« werden in der Welt der Federlosen wohl kaum so oft geäußert wie beim Anblick von Küken. Von zehn Besuchen enden neun mit dem Abschied von Juniorhühnern, die eine hiesige Henne aufgezogen hat. Manchmal befindet sich ein Hahn darunter, aber für dieses Geschlecht hält sich die Nachfrage in engen Grenzen – das ist so unbestreitbar, dass das Ego der Haushähne Roderich und Niels jedes Mal einen Schlag in den Magen ertragen muss.

Wenn Hertha vor dem Automaten steht, erlebt sie jedes Mal ein innerliches Weihnachtsfest. So feierlich ist sie gestimmt, so zufrieden, dass ihr Leben noch in der Phase des reifen Erwachsenenalters eine neue Aufgabe für sie bereithielt. Dies ist kein Job, den man an jede hergelaufene Henne delegieren kann. Ein Eierautomat erfordert die Beste der Guten. Mit einem

Wort: Hertha. Der Eierautomat markiert den Übergang vom Freilauf zum Einzelhandel. Die Last der großen – auch kaufmännischen – Verantwortung hat Hertha in einen Zustand permanenter Euphorie versetzt, der nicht abklingen will. Als langjährige Nummer 1 in der Disziplin Legeleistung hat sie noch zwei Gänge hochgeschaltet und ihre Produktivität um weitere 40 Prozent gesteigert. Kein Tag vergeht mehr ohne Ei. Versuche, ein zweites Ei zeitnah hinterherzuschieben, haben bereits viermal Erfolg gezeigt. Keine Seele kann den Schmerz ermessen, der Hertha ergriff, als die Hühnerfrau die Eier einsammelte und Herthas Zweit-Ei in einem tragischen Irrtum einer Mithenne zuschlug. Es gibt nicht viele Anlässe, bei denen Hertha ihre fehlende Fähigkeit zum Sprechen vermisst. Hühner werden von der Evolution so bevorzugt behandelt, dass sie nicht von morgens bis abends darauf angewiesen sind, alles, was sie tun und lassen, in Sprache fassen zu müssen. Das Gegacker der Federlosen setzte sie jedes Mal aufs Neue in Erstaunen. Dass sie es nicht irgendwann überhaben! Dass jeder Furz kommentiert, referiert und eingeordnet wird! Jeder Schritt, den ein Federloser unfallfrei absolviert, erfordert eine Livereportage. Jede – meist komplett nebensächliche – Meinungsverschiedenheit muss in epischer Breite besprochen oder beklagt werden. Selbst banale Gefühle wie Todesangst, Schmerz, Eifersucht und Hunger, für die ein Huhn seinen Schnabel gar nicht öffnet, führen bei Federlosen zu einem endlosen Konzert. Es müssen viele tausend Wörter sein, die dabei jedes Mal anfallen. Kein Wunder, dass die Federlosen keine Eier legen, wenn sie ihre Energie an wirkungslose Wort-Produktion verschwenden. Hertha öffnet in den letzten Tagen ihren Schnabel nur noch, um die lahmsten Mithennen auf Vorderfrau zu bringen. Ansonsten gilt ihre Konzentration allein der Eierproduktion. Ihr hoher Anspruch macht sie einsam. Hohe Ziele erfordern großes Engagement.

Jedes Huhn, das auf dem Hof aufwächst, verbraucht den größten Teil seines Lernens nicht dafür, das Hühner-Dasein zu trainieren. Es sind die Spielregeln der Federlosen, die die ganze Aufmerksamkeit der Hühner erfordern. Manches begreifen sie nie, so wie sie nicht begreifen können, warum ein Baum sein Leben lang am selben Fleck steht. Die Federlosen machen sich die Sache schwerer als nötig. Ständig tun sie so, als würden sie etwas zum ersten Mal erleben. Dabei haben sie gestern nichts grundsätzlich anderes erlebt. Aber kaum schlafen sie eine einzige Nacht darüber, ist ihre Erinnerung leergewischt wie eine Tafel, von der die kleinen Federlosen manchmal zu Hause berichten. Schule nennen sie das. Ohne Schule wären die Federlosen verloren. Hühner benötigen keine Schule. Sie leben ihr Leben und kapieren schnell, wie wenig du als Huhn brauchst, um eine kluge Vertreterin deiner Art zu werden und den Rest des Lebens zu bleiben.

Hertha denkt: Du wirst alt, Mädchen. Du grübelst zu viel. Genieß lieber den Anblick vor dir. Sei dankbar, dass du das erleben darfst. Du bist gesegnet. Alles, was du leistest, passt in diesen Automaten. Wie groß müsste der Automat sein, in den ein Federloser alles hineinpackt, was er im Leben leistet? Würde das, was er anbietet, so viele Kunden haben wie du und deine Eier? Würden seine Kunden lächeln, wenn sie sich an seinem Angebot bedienen? Ist das, was ein Federloser der Welt anzubieten hat, wertvoller als die 50 Cent, die jedes Ei von dir einbringt?

Von unter der Hecke sieht sie zu, wie die Frau sechs Eier in ihrer Tasche deponiert, Geld in die Kasse legt und davongeht. In den ersten 14 Tagen gab es im Automaten noch leere Fächer. Der Anblick hat Hertha in der Seele wehgetan. Gleich danach begann sie, ihre Legeleistung zu optimieren und den Mithennen klarzumachen, dass die Zeiten des süßen Nichtstuns vorbei sind.

Das hat ihr nicht nur Zustimmung eingetragen, aber die lebenserfahrene Henne beharrt auf ihrer Überzeugung, dass sie und die Gemeinschaft ein privilegiertes Leben führen. Jede Henne weiß, wie es in den Legebatterien aussieht. Niemand kennt das entsetzliche Leid aus eigenem Erleben, aber die Bilder der armen Verwandten finden den Weg in die freundlichen Hühnerhäuser. Auf diesen Bildern sieht man Mithühner, die dem Tod ins Auge blicken, die in den wenigen Wochen ihres Erdenlebens nie die Sonne sehen und nie einen authentischen Wurm schmecken, die nie Luft riechen, nie in der Erde kratzen und nie andere Tierarten kennenlernen. Hertha kann diese Bilder nicht ansehen, ohne sich in den nächsten 48 Stunden gebrandmarkt zu fühlen. Sie denkt nicht in jeder Stunde daran, wie gut es ihr geht. Aber es macht sie traurig, wenn ihre hiesigen Mithennen so tun, als würde sich Hertha seit neuestem wie einer der Federlosen benehmen, die mit dem Quälen und Töten ihrer Artgenossen ihren Lebensunterhalt bestreiten.

An dem Tag, den sie nie vergessen wird, hat sie sich durch die Gärten und über die Rasenstücke zum nächstgelegenen Hühnerhof durchgeschlagen. Kein Automat weit und breit. Hier war die Zeit stehengeblieben. Hier sah es aus, wie es auf der Erde wahrscheinlich vor tausend Jahren aussah: öde und automatenlos. Ein Anblick zum Weinen.

Hertha hat die Hennen kennengelernt, die auf diesem Hof leben. Erst waren sie überrascht, dann freundlich, zuletzt begeistert. In der Anfangszeit hat Hertha mit einer hilfsbereiten Geschlechtsgenossin deren Eier hinübergetragen. Jede vier Eier, das füllte die Lücken im Automaten. Es kam zu heiklen Begegnungen mit Hunden sowie Küken der Federlosen, diesen halbgaren zu kurz geratenen Wesen, die die unfreundlichste und gemeinste Sorte darstellen. Hertha unterbreitete der neuen Freundin ihren Vorschlag und traf auf Zweifel. Aber zwei andere Hennen wollten durchaus das andere Ende der Welt kennenlernen. Zurück durch die Gärten – und Herthas Hühnerhaus-Bevölkerung war um zwei Bewohnerinnen angewachsen. Die beiden Hähne fielen vom Glauben ab. Peinlich berührt sahen die alteingesessenen Hennen zu, wie die Kerle mit Schnick-Schnack-Schnuck darum spielten, wer welches Neuhuhn beglücken dürfe.

Weil es in ihrer alten Heimat keine Hähne gab, kannten die Hennen sie nur aus Erzählungen. Es mussten lustige Geschichten gewesen sein, denn als sich Niels ans Werk machte, begann seine Henne zu lachen und hörte nicht mehr auf.

»Das kitzelt!« und »Anständige Hähne stellen sich erst vor.« Der nervöse Niels kam schnell aus dem Konzept. »So kann ich nicht arbeiten!«, rief er jammernd, während Roderich nebenan sein Programm stoisch durchzog. Seine Henne war auch nicht so sabbelig.

Es dauert eine Woche, bis die kleinste Federlose im Haus die Hühner durchzählt. Sie macht das regelmäßig und ärgert sich jedes Mal, wenn die Hennen sich dafür nicht in einer Reihe aufstellen. Zweimal zählt sie nach. »Mami! Mami! Unsere Mamis haben große Hühner bekommen!«

Das Mysterium wird schnell aufgeklärt, bei dem Hin und Her zwischen den verschiedenen Häusern und Ställen und Federlosen spricht sich der Eierautomat bis zum letzten Nachbarn herum. Das ist der Beginn einer Dynamik, wie sie der verschlafene Vorort noch nicht erlebt hat. Plötzlich sind Hühner in aller Munde – und nicht auf die übliche Art mit Oberhitze, Curry, Grill und Bier aus der Flasche. Die Getränkedosen, die jahrelang bei Gartenfesten und Partys benutzt wurden, dürfen aus Gründen, die sich einem Hühnerhirn nicht vermitteln lassen, nicht mehr benutzt werden. »Eine einzige Dose und du kannst zurück ins Kinderzimmer bei deinen Eltern ziehen« – Diese Ankündigung einer Nachbarin vor 30 Ohrenzeugen macht die Runde, zumal der gedemütigte Gatte einige Zeit später tatsächlich auszieht, wenn auch nur um einige Ecken zu einer Nachbarin, in deren Haus durch das Ableben ihres Gatten langfristig Platz wurde.

Schnell kommt wieder Leben in das stille Haus: durch ein neues Hühnerhaus, eine Schwangerschaft der Witwe und durch die vielen Anwaltsschreiben, die dem neuen Mitbewohner von Kurieren zugestellt werden. Als sich die Witwe in den charmantesten Kurier verguckt, will der Mann zu seiner ursprünglichen Frau zurückziehen. Weil sie ihn nicht ins Haus lässt, schläft er mehrere Nächte im Hühnerhaus, was sich auf die Legeleistung der Hennen verheerend auswirkt. Den angeblichen Verdienstausfall muss der Schlafgast in bar bei seiner eigentlichen Frau durch Deponierung im Briefkasten löhnen: Woche für Woche – plus das Ausfallhonorar für zwei Anwälte, die nun nicht mehr gebraucht werden. Plus das Honorar für eine Schamanin, die sich auf das Besprechen von gestressten Hühnern spezialisiert hat. Sie behandelt am liebsten Hennen, Hähne versucht sie in einem günstigen Moment zu treten. Dabei rutscht sie aus, schlägt lang hin und ein Kurier stellt die Privatrechnung des ganzheitlichen Mediziners zu, mit dem sie Bett und Konto teilt. Leider kann sich der Kurier eine Bemerkung nicht verkneifen, die der vom Leben schwer gebeutelte Ehemann, den niemand haben will, auf sich bezieht. Er geht auf den Kurier zu, schlägt ihn gegen den Kopf, worauf bei dem ein Auge und seltsamerweise auch ein Ohr nachhaltig anschwellen.

Die Kuriere der Firma veranstalten eine Solidaritäts-Demonstration vor dem Tatort, an die sich eine Mahnwache anschließt, nach deren Abschluss die Bewohner den Verlust von fünf Hennen beklagen. Die Polizei lehnt Ermittlungen ab. Begründung eines Kommissars vor laufender Kamera: »Verarschen kann ich mich alleine.«

Das trägt ihm eine Anzeige wegen Arbeitsverweigerung ein. Erst als RTL über den Krieg im Vorort in einer Doku berichtet, beruhigen sich die Gemüter. Wenngleich die Legeleistung der Hühner nie wieder die alte Höhe erreicht.

Diese Querelen interessieren Hertha und ihre Hennen nur am Rande. Sie sind damit beschäftigt, die mittlerweile 14 Eierautomaten im Nordosten der Stadt mit Frischware zu befüllen. Zwei Federlose, darunter Herthas Hühnerfrau, gründen eine Firma, die die Lufthoheit über die Automaten hat. Die tägliche Befüllung (vormittags zwischen 9 und 11 Uhr) erledigen Schüler, die an ihren jeweiligen Arbeitstagen angeblich keinen Unterricht haben, was bei Eltern und Schulen auf Skepsis trifft.

Die Lokalzeitung macht auf Seite 3 mit einem Vierspalter auf, über dem das Foto eines dicken Huhns prangt, das auf den Armen eines kleinen Mädchens hockt und ebenso direkt in die Kamera blickt wie seine Trägerin. Die Leserinnen wissen nicht, was sie niedlicher finden sollen: das anmutige Kind mit seiner beschützenden Attitüde oder das Huhn mit seiner gemütlichen Ausstrahlung. Die Bildunterzeile nennt das Mädchen »Mia« und das Huhn »Herta«. Herta ohne h. Das Schicksal ist dabei, die ersten Wolken über Hertha aufziehen zu lassen.

An dem Tag, an dem das Foto geschossen wird, hat Hertha den Verlust des ersten Eierautomaten zu beklagen. Es handelt sich ausgerechnet um die Mutter aller Automaten, die vor Herthas Hühnerhaus Platz auf dem Podest fand, auf dem in historischen Zeiten die Milchkannen für die Molkereiwagen bereitgestellt wurden.

Die Diebe können nie ermittelt werden, auch nicht die Diebe des zweiten Eierautomaten. Diese Meldung schafft es nur noch in die Rubrik »Vermischtes«. Die Polizei sichert zu, darauf zu achten, ob in der Region neue Eier-Automaten auftauchen. Dass sie für einen anderen Zweck als Eier verwendet werden könnten, schließt die Polizei kategorisch aus. Aus der Bevölkerung gehen Hinweise auf mehrere Dutzend Produkte ein, die sich für die Präsentation in einem solchen Automaten hervorragend eignen. Die Polizei stellt die Gründung einer Sonderkommission (»SoKo Sol-Ei«) in Aussicht, von der man danach nichts mehr hört.

Den Sprung in die Bildzeitung und alle TV-Boulevardmagazine schafft der Unfall einer Henne, die tragischerweise zur falschen Zeit am falschen Ort ist, als einem Sprinter-Lieferwagen beim Ausfahren von Getränkekisten (sowie, wie sich später herausstellt, Kokain und Cannabis) der Reifen platzt. Ein Crash ist unvermeidlich, die Henne gerät zwischen Wagen und Eier-

Automat. Die Beisetzung von Henne Hertha gestaltet sich im Stadtteil zum größten Ereignis seit der Autogrammstunde von Dieter Bohlen vor 25 Jahren. Der Musiker lässt es sich nicht nehmen, im Anschluss an den Trauerzug zwischen Eierautomat und Herthas Haus erneut eine Autogrammstunde zu geben. Auf ein Honorar verzichtet er, die ihm geschenkten zwei lebenden Hennen kann er nicht ausschlagen.

Mama? Trägt der Bauer jetzt das Huhn?

Krafttier Huhn

Das Huhn gibt dir die Kraft zum Neuanfang.

»Einen neuen Tag mit neuer Kraft anzugehen, das rät dir das Huhn. Es ist Zeit, aus gewissen alten Geschichten aufzuwachen und einen Neustart zu wagen. Neu meint: frisch erholt und mit dem Wissen und Können, das du dir in deinem Leben angeeignet hast. Lass das hinter dir, was dich hemmt und belastet, und beginne den ersten Schritt in eine neue Zeit mit dem Blick in die Sonne, ins Leichte, ins Erfreuliche. Bedenke jedoch, dass du dich in den Neubeginn mitnimmst. Richte also dein Hauptaugenmerk auf dich. Willst du, dass dein Leben sich positiv ändert, dann pflege deine Freude, deine Liebenswürdigkeit, deine Lebenskraft. Widme dich all den Gründen, die dir beweisen, dass dein Leben schön ist, und brüte nicht über die Mängel.«

Das Huhn gibt dir die Kraft zum Neuanfang

Hühnerschlagen

Das Hühnerschlagen und Hühnerschwenken ist ein jüdisches Ritual am Vorabend des Versöhnungstages Jom Kippur. Dabei wird ein zur Sühne ein lebendes Huhn oder ein Hahn über dem Kopf einer Person geschwenkt und danach geschlachtet. Der Brauch stammt aus der jüdischen Diaspora im mittelalterlichen Persien des siebten Jahrhunderts.

Verwendet werden ein Hahn oder eine Henne, je nach Geschlecht des Menschen. Eine schwangere Frau nimmt beide. Weiße Hühner sind als Zeichen der Vergebung von Sünden geeignet. Statt Hühner sind auch Münzen geeignet, die man an die Armen verteilt, ebenso wie die Sühne-Hühner.

Dieser Brauch wird von einem Satz im jüdischen Gebetbuch hergeleitet, weil das hebräische Wort רבג sowohl Mensch als auch Hahn bedeuten kann. Der Hahn wird so als religiös-spiritueller Stellvertreter für einen Menschen eingesetzt.

Schnell bei der Hand und seetüchtig

Nicht nur die Römer beobachteten Wildvögel, weil sie so hoch flogen und den Göttern nah zu sein schienen. Später schätzten sie auch die Tragbarkeit der Hühner. „Sie lassen sich leicht mit sich führen, was sie für eine schnelle Weissagungszeremonie viel handlicher macht als einen schwer zu fangenden Raben oder Falken", so Andrew Lawler, Autor des Buches *Why Did the Chicken Cross the World?* Hühner werden sehr schnell erwachsen, sind pflegeleicht und konnten im Falle der Römer bei militärischen Expeditionen auf Schiffen mitgeführt werden.

Tieropfer bei Epilepsie

Schwarze Hühner waren im Mittelalter eine Opfergabe bei Epilepsie bzw. deren Anfällen. Nach damaliger Vorstellung ging die Krankheit nach der Heilung auf das Huhn über, welches daraufhin weiß wurde. Während der Heiligen Messe wurden diese Hühner in eine Hühnersteige gesperrt.

Das Fernsehen kommt

Einige Minuten bleiben sie noch auf der Stange sitzen, plaudern, putzen da, putzen dort. Bis eine den Flügel ausstreckt, um darunter für Ordnung zu sorgen und dabei der Nachbarin zu nahe kommt. Großes Geflatter – viel Tohuwabohu für wenig Anlass. Same procedure as last year.

Endlich ertönt die Klangfolge, die alle so lieben. Würde es eine Hühner-Hymne geben, müsste sie aus diesen Tönen komponiert werden: Ein Schlüssel im Schloss, eine Kellertür, die beim Öffnen über Steinfliesen scheuert; Latschen, die auf Stufen steigen, Husten, leises Fluchen, weil etwas schiefgegangen ist. Riegel, die verschoben werden; die Tür wird aufgezogen.

Ihr Umriss füllt die Türöffnung aus, ihr Kopf rückt ein Stück nach vorne. Sie sieht nicht gut, aber eine Brille trägt sie morgens nie. »Einen wunderschönen guten Tag, liebste Schwestern! Gut geruht? Züchtig geträumt? Kein Marder, kein Iltis, kein Raubvogel, nicht mal eine poplige Katze? Wenn ich dann bitten dürfte ...«

Flatternd und erwartungsvoll drängen die Hennen ins Freie, die Federlose macht rechtzeitig Platz. Sie weiß, was es bedeutet, neun Hennen im Weg zu stehen – hungrig auf Futter und den neuen Tag.

Aber die Näpfe sind auch heute wieder leer, die Federlosen lieben ihre Rituale, Hennen verabscheuen sie. Die Federlose lässt es sich nicht nehmen, in aller Seelenruhe die beiden Näpfe zu füllen sowie hier und da ein Körnerhäufchen auf dem Boden zu errichten. Darauf warten die gefiederten kleinen Banditen in den Obstbäumen schon. »Sorge ums Essen hält den Geist jung und die Figur schlank«, sagt die Federlose.

Sie holt Mohrrüben und Kartoffelschalen hervor, verteilt alles wie der Tourist in Afrika milde Gaben an die hungernden Kinder. Die Hennen picken und hören mit einem Ohr, was sie jeden Morgen hören. Der Karriere geht es gut, die Medienanfragen wollen kein Ende nehmen, das Showkonzept für Pfingsten ist festgezurrt bis auf letzte Details.

»War ein hartes Stück Arbeit. Weihnachten haben wir die Auswahl aus vielen Symbolfiguren, Ostern gehört dem Hasen. Aber kann mir eine der Damen verraten, wer zu Pfingsten passt? Pfingsten besitzt zu viel Philosophie, viel Science-Fiction und wenig Bodenhaftung. Ist ja verständlich, wenn es um Himmelfahrt geht. Aber das soll nicht eure Sorge sein. Ihr müsst nur satt sein und scharren. Ihr habt es warm und gemütlich. Nur als Vorwarnung: Nächste Woche kommt das Fernsehen. Vier Minuten im Regionalen, piefiger Kram, aber Kleinvieh macht auch Mist. Das weiß ja niemand besser als ihr.«

Die neun Hennen sind Medienprofis. Eine kratzt vor jedem Besuch von Kameras und Mikrofonen einen Strich in die Fachwerkkonstruktion des Hühnerhauses. Der heutige Strich ist Nummer vierzehn. Es gibt nicht viele Hühner, die so sehr im wärmenden Licht der Öffentlichkeit stehen.

Diesmal rückt eine überschaubare Herde an. Kamera, Ton, Interviewerin und ein Hiwi. Die Hennen haben den leichtesten Part. Sie tun das, was sie sonst auch tun. Sie haben keinen Text. Wenn sich zwischendurch zwei ins Gefieder geraten, ruft kein Kameramann: »So kann ich nicht arbeiten.« Im Gegenteil: Alle reagieren verzückt, reden über »echtes Leben«, »Tiere eben« und »viel authentischer als unsere abgewichsten Daily-Helden«.

Plötzlich das Unerwartete: »Wisst ihr, was ich vermisse? Den Leidensfaktor«, kommt es vom Hiwi. Die Hennen verspüren ein Gefühl auf den Federn, das bevorstehenden Wetterumschwung ankündigt.

Die Frau, die beim TV-Team für die Interviews zuständig und halb so alt ist wie die Gastgeberin, entgegnet huldvoll: »Er soll sich erklären.«

»Dann mach ich das mal.« Es handelt sich offenbar um ein eingespieltes Team.

»Die Hühner da sehen genauso aus wie die Dings ... wie Frau Showstar.«

Die prominente Hausherrin bläst die Wangen auf, die Interviewerin sagt beflissen: »Das meint er nicht so. Du meinst das doch nicht so?«

»Nicht so teuer natürlich«, sagt der Hiwi unaufgeregt. »Und irgendwie auch frischer. Nicht zurechtgemacht und aufgebrezelt.« Zur Gastgeberin: »Das ist nichts Persönliches, so ist unsere Welt einfach. Und wir alle sind ihre Geiseln.« Aus geschminkten Wangen wird langsam Luft entlassen. Der Hiwi erzählt von dem Job im letzten Monat. Ein Beitrag über eine Landkommune weit draußen in der Pampa, noch hinter dem Speckgürtel. Aus jeder Ecke sprang einen die Armut an. Auf dem Tisch standen die billigsten

Sorten vom Discounter, von ganz unten im Regal. Die Ställe waren nicht verdreckt, aber viel fehlte nicht. »Und die Hühner, ich kann euch sagen! Abgerissen irgendwie, Arbeiterklasse 19. Jahrhundert. Da fehlte nur noch der Hühnerpulli.«

»Der was!?«

»Der Hühnerpulli. Kennt ihr doch. Kennt ihr nicht? Was sie den Viechern überziehen, wenn die keine Federn mehr haben. Damit sie sich keinen Schnupfen holen und die Federn in Ruhe nachwachsen können. Das funktioniert. Denkt man gar nicht. Das ist jedes Mal ein Festtag, wenn der Pulli runterkommt. Haben sie uns jedenfalls erzählt.«

»Aber meine Hühner haben Federn!«, ruft die Gastgeberin. »Denen geht es gut!«

»Das ist das Problem«, sagt der Hiwi. »Denen geht es zu gut. So wie Ihnen. Ihnen geht es seit zehn Jahren auf allen Fotos gut. Wenn da zum ersten Mal die Frisur ein wenig schief sitzt, schreit jeder: Es ist Krebs!«

Man bringt noch die Filmaufnahmen und Interviews in den Kasten, aber es ist nicht mehr so locker und überzeugend wie in der ersten Stunde.

Die Gastgeberin bringt die Besucher an die Tür, kehrt zu den Hennen zurück und betrachtet sie. Lange und schweigend. So intensiv und nachdenklich, bis eine Henne sagt: »Ich weiß nicht, was das ist. Aber ich fühle mich nicht mehr so wohl wie heute Morgen.«

Nachmittags ist die Federlose wieder da, sie hat ihren Hahn dabei. Sein Name ist Lebenspartner. Die Hühner benehmen sich besonders aufmerksam und gehen wie auf Zehenspitzen. Herr Hahn sagt: »Das kommt mir übertrieben vor.«

»Dauernd kommt dir etwas übertrieben vor!«, ruft die Federlose. So laut war sie beim TV-Team nie. »Bis auf deine eigenen Gefühle! Wenn ich nur an ...«

»Komm runter«, sagt er. »Wenn dich etwas aufregt, flatterst du genauso wie die da. Aber die beruhigen sich schneller.«

»Es gibt mir einfach zu denken, was der Helfer gesagt hat.«

»Immer dieses Denken, das ist schlecht für den Teint. Bleib in der Spur.«

Herr Hahn legt einen Arm um ihre Hüfte und führt sie ins Haus ab. Eine Henne sagt: »Jetzt zeigt er ihr, was der Hahn kann.«

Am nächsten Tag ist alles anders. Die Hennen in ihrem Haus hören draußen zwei Frauenstimmen. Eine gehört der Federlosen, aber niemand öffnet die Tür.

»Sie wollen uns rauslocken«, flüstert diejenige Henne, deren Lebenseinstellung nicht ganz so optimistisch ist wie die ihrer Kolleginnen. »Wir sollen mit offenen Augen ins Verderben laufen.«

»Das tun wir nicht«, entgegnet eine, die zur stoischen Fraktion gehört. »Wir bleiben hier drinnen und fressen nicht mehr. Dann verhungern wir zwar, aber das wird ihnen eine Lehre sein.«

Endlich ertönt die bekannte Melodie. Die Federlose mit Futter, daneben eine Fremde, so eine resolute, bei der du das Gefühl hast, sie läuft auf der Stelle. Dabei steht sie still.»Ich hab den Bericht im Netz gesehen«, sagt die Fremde. »Es war schockierend. Du machst dir keine Vorstellungen.«

»Dann behalte es lieber für dich.« Einundzwanig, zweiundzwanzig. »Nun erzähl endlich.«

»Glaubst du, du kannst das so früh am Tag schon vertragen?«

»Sehe ich aus, als würde ich nicht?«

Gestern Abend ist ein Kollege und Konkurrent aufgetreten. Im Internet, nicht im TV. Ein Mann, der um einige Ecken mit zwei mittelprächtigen Namen der Schlagerwelt aus den Nullerjahren verwandt ist – was er mit amtlichen Papieren belegt hat und was von den Verwandten bestätigt wurde, wenn auch ohne Anzeichen von Begeisterung. Ihn selbst haben zwei Hits in einen Promi verwandelt. In beiden hat er darüber gesungen, dass er auf Ruhm und Erfolg und Geld und am allermeisten auf Platzierungen in den Hitparaden pfeift, was ihm die Plätze 4 und 2 in den Hitparaden einbrachte. So lautete seit einigen Wochen sein neuer Künstlername: 4und2 – in einem Wort.

»Komm auf den Punkt«, knurrt die Gastgeberin.

In dem YouTube-Auftritt hat der Schlagersänger seine Garage vorgeführt, eine zum Hühnerstall umgebaute Örtlichkeit mit Bildern von Gärten und blühenden Wiesen an den Wänden. 13 ausgemergelte Figuren – zehn von ihnen mit Hühnerpullis – bevölkerten den Boden. Die meisten saßen herum, einige scharrten, was mühsam aussah. Zwei der Pullilosen gönnten sich ein Sandbad.

»Oh mein Gott«, stöhnt die Federlose und starrt aufs Smartphone.

»Das ändert alles«, behauptet die Besucherin. »Deine Viecher kommen in den Topf, wir besorgen uns lebende Tote, so richtig schön ausgemergelte Flattertiere. Denk dir schon mal Sinnsprüche für die Fan-Shirts aus.«

»Ich kann doch meine Damen nicht zum Schlachter bringen!«

»Du musst immer abwechselnd einen Blick auf die Hühner und auf deinen letzten Kontoauszug werfen. Huhn, Auszug, Huhn, Auszug. Das weitet den Blick.«

»Vergiss es.«

»Jedenfalls dürfen diese First-Class-Hühner nicht mehr vor die Kamera. Die Klickzahlen von unserem speziellen Freund explodieren. Von jetzt an giltst du als versnobt und arrogant, wenn du Hühner hast, die kerngesund und kugelrund sind und aussehen wie ... wie ...«

»Wie normale Hühner eben aussehen.«

»Du hattest immer wenig Skrupel, niederschmetternde Wahrheiten auf den Punkt zu bringen. Du kannst nicht eine kleine Schönheitskönigin adoptieren, solange hundert Millionen Kinder hungern.«

»Aber bei uns kümmern sich viele um Hühner! Das fällt unter Tierliebe.«

»Bis vorgestern war das wohl so. Jetzt gelten neue Spielregeln. Jetzt gilt es als dekadent und geschmacklos, wenn du Tag für Tag Essen im Wert von hundert Euro in die Schnäbel deiner Prachthennen stopfst, während einen Stall weiter bemitleidenswerte Kreaturen verzweifelt ums Überleben kämpfen.«

»Du übertreibst.«

»Warte die Schlagzeilen ab, dann wirst du es ja selbst sehen.«

»Aber du erträgst es noch, mit einer Hühnerquälerin wie mir zusammenzuarbeiten?«

»Kontoauszug, du im Fernsehen, Kontoauszug, du im Fernsehen. Das macht es mir leichter. Und die Neuen brauchen Namen, die zu ihnen passen. Nicht Josephine und Ernestine und dieser ganze Modequatsch.«

»Woran denkst du?«

»Namen, die glasklar für eine soziale Einstellung stehen.«

»Donald Duck.«

»Das ist eine Ente.«

»Dieser kleine Flüchtlingskerl, der damals am Strand lag und tot war, wie hieß der gleich noch mal?«

»Das ist so lange her. Genau das ist es! Das ist lange her, das fand früher als gestern statt. So sind wir! Unser Gedächtnis für Ungerechtigkeit kannst du in Minuten messen. Oh, unsere Welt ist so widerlich. Aber dagegen arbeiten wir jetzt an. Ich und du gemeinsam. Du mit deinem Gesicht und ich mit dem, was ich im Kopf habe. Warum stehst du noch hier herum!? Warum besorgst du nicht längst die ersten Pullis?«

»Du meinst das ernst!?«

»Wir müssen herausfinden, ob die schon in die Massenproduktion gegangen sind oder ob die von Tierfreunden gehäkelt werden. Du kannst hoffentlich stricken?«

»Sollte ich?«

»Selbstverständlich! Weil das authentisch ist! Nachhaltig! Heimat! Weil das persönliches Engagement zeigt. Mal eben einen Karton mit tausend Pullis bei Amazon ordern, das ist weniger sexy, als du vielleicht denkst. – Und nicht die Namen vergessen! Die Hühner brauchen gute Namen. Name und Botschaft, die beiden Seiten der Medaille. Irgendwas war noch ...«

»Wo kriegen wir nackte Hühner her?«

»Zur Not nehmen wir intakte und rasieren sie kahl.«

»Das kann ich nicht.«

»Dann gehen wir ins Tattoostudio.«

»Die werden sich bedanken.«

»Dann bestellen wir einen Friseur ins Haus. Oder sonst wen. Das kriegt jeder hin, der medizinisch halbwegs bewandert ist. DRK, Malteser. Die freuen sich über eine Spende.«

»Mir ist nicht wohl bei dem Gedanken.«

»Die Zeit heilt alle Skrupel, es dient ja einem guten Zweck. Das ist eine perfekte Win-Win-Situation. Du hast etwas davon und die Hühner haben etwas davon. So sind alle glücklich und zufrieden. Nicht zuletzt dein Kontoführer.«

»Und du machst auch keinen Verlust.«

»Genau. Und jetzt mache ich Termine für nächste Woche. Sagen wir in zehn Tagen, spätestens.«

»Und was wird aus denen da?«

Die Frauen sehen gerade noch, wie das letzte Huhn im Stall verschwindet. Dann wird von drinnen die Tür geschlossen.

Berliner Fibel
aus der Mitte des 18. Jahrh. mit dem für alle Fibeln
charakteristischen Hahn, der als Sinnbild des Frühauf=
stehens und Fleißes galt.

Kunst für Hühner

Die Chemnitzer Rebel Art Gallery hat ihre Wurzeln in der Sprayer- und
Urban-Art-Szene der sächsischen Metropole. Im Lockdown entstand hier
ein Projekt, das Hühner ins Zentrum stellte. Die Ausstellung „Gegen das
Warten" bestand aus 62 Hühner-Kunstwerken. Konsequenterweise wurden
zur Eröffnung nur Hühner eingeladen. Damit wollte die Galerie dem Lockdown kreativ die Stirn bieten. Zeitweise war die Ausstellung für „interessierte
Hühner" nur durch die Schaufenster oder online zu besichtigen.
(siehe die Fotos auf den folgenden Seiten)

Ur-Huhn

Huhnbra

Huhnster

Elefuhn

Haube

Das Lumpengesindel

Ein Hahn und ein Huhn gehen in die Berge, um Walnüsse zu essen, aber sie sind zu faul, um nach Hause zurückzulaufen. Sie bauen einen Wagen aus Walnussschalen. Als sie darüber streiten, wer den Wagen ziehen soll, kommt eine Ente vorbei. Die Ente ärgert sich darüber, dass der Hahn und das Huhn die Walnüsse ohne Erlaubnis gefressen haben. Die Ente will sie für den Nussdiebstahl bestrafen, es kommt zum Kampf. Die Ente verliert und wird zur Strafe gezwungen, den Wagen zu ziehen. Unterwegs nehmen sie eine Stecknadel und eine Nähnadel als Passagiere mit. Sie kehren bei einem Wirt ein, indem sie ihm ein Ei und die Ente versprechen. Der Gastwirt lässt sie nur ungern über Nacht bleiben, willigt in den Handel allerdings ein. Sie essen und trinken ausgiebig und gehen zu Bett. Am nächsten Morgen wachen der Hahn und das Huhn früh auf, stechen ein Loch in das Ei, trinken dessen Inhalt und werfen die Schale weg. Dann stecken Sie die Nähnadel in den Sessel und die Stecknadel in das Handtuch des Wirts und fliehen. Die Ente wacht eine Weile später auf und läuft ebenfalls davon. Ein paar Stunden später wird der Gastwirt wach. Er wäscht sich das Gesicht. Doch als er versucht, sich mit dem Handtuch abzutrocknen, kratzt er sich mit der Nadel, die darin steckt, das Gesicht auf. Als er in die Küche zum Herd geht, um seine Tabak-

spfeife anzuzünden, fliegen dem Wirt die Eierschalen in die Augen. Er ist wütend und will sich in seinen Sessel setzen, da sticht ihn aber die Nähnadel ins Gesäß. Der Wirt schwört, nie wieder so ein Lumpengesindel aufzunehmen, das so viel isst und trinkt, aber seine Rechnung nicht bezahlt.

Der Schwank steht in den Kinder- und Hausmärchen der Brüder Grimm. Es handelt sich um den Aarne-Thompson Typ 210 „Die reisenden Tiere und der böse Mann".

Der Hahn und der Fuchs

Ein alter, gewitzter Hahn saß auf einem Baum, um die Hühner zu beobachten. Der Fuchs kam daher und sprach mit sanftmütiger Stimme: „Lass heut uns endlich Frieden machen, kein Streit sei zwischen uns fortan. Ich bring die Botschaft dir. Komm runter, lass dich küssen."

Der Fuchs erklärte, dass alle Tiere einen Friedensvertrag unterzeichnet hätten und er ihr Abgesandter sei. Der Hahn antwortete von seinem Ast herab, dass er sehen könne, wie zwei Windhunde sich nähern, wohl um die gleiche Kunde zu überbringen. Er warte nur ab, dass die Hunde eintreffen, damit sich alle umarmen könnten. Da sagte der Fuchs, er habe es eilig, die „frohe Botschaft" zu verbreiten, und rannte weg – versprach aber noch, dass er später wiederkommen werde.

Der Hahn und der Fuchs ist die 15. Fabel im zweiten Buch der Fabelsammlung des französischen Dichters Jean de La Fontaine.

Die Bremer Stadtmusikanten

... ist der Titel eines Volksmärchens, das von den Brüdern Grimm 1819 in ihrer berühmten Sammlung von Kinder- und Hausmärchen „Grimms Märchen" erstmals veröffentlicht wurde. Die Figurenpyramide der Tiere ist das bevorzugte Motiv aus dieser Erzählung. Das visuelle Wiedererkennungspotential und seine Unverwechselbarkeit sind einzigartig. Die weit über die Stadt hinaus bekannten vier Tiere sind zu eigenständigen Symbolen geworden, beispielsweise wurden Ampeln im Innenstadtbereich mit ihnen anstelle der üblichen Ampelmännchen gestaltet.

„Weißt du was", sprach der Esel, „ich gehe nach Bremen und werde dort Stadtmusikant, geh mit und lass dich auch bei der Musik annehmen ..." Und der Esel, der Hund, die Katze und der Hahn machten sich gemeinsam auf den Weg nach Bremen ...

Der alte Esel soll geschlachtet werden, und so flieht er und will Stadtmusikant in Bremen werden. Unterwegs trifft er auf den Hund, die Katze und den Hahn. Auch diese drei sind schon alt und sollen sterben. Sie folgen dem Esel und wollen ebenfalls Stadtmusikanten werden. Auf ihrem Weg kommen sie in einen Wald und beschließen, dort zu übernachten. Sie entdecken ein Räuberhaus. Indem sie sich vor dem Fenster aufeinanderstellen und mit lautem „Gesang" einbrechen, erschrecken und vertreiben sie die Räuber. Die Tiere setzen sich an die Tafel und übernehmen das Haus als Nachtlager. Ein Räuber, der später in der Nacht erkundet, ob das Haus wieder betreten werden kann, wird von den Tieren nochmals und damit endgültig verjagt. Den Bremer Stadtmusikanten gefällt das Haus so gut, dass sie nicht wieder fortwollen und dortbleiben.

50 n. Chr.

In der ersten Hälfte des 1. Jahrhunderts n. Chr. verfasste Lucius Junius Moderatus Columella einen landwirtschaftlichen Ratgeber in 13 Bänden. Unter anderem widmete er sich darin dem Thema Hühnerhaltung und Rassen. Er berichtete, dass die Griechen die rhodische oder chalkidische Rasse schätzten und vor allem Heißsporne für den Hahnenkampf aussuchten.

Sein Tipp: Zur Sicherung der Brut und als Schutz vor Schlangen Hirschhorn oder Frauenhaar verbrennen.

Ein Huhn

Ein Huhn, das fraß, man glaubt es kaum,
ein Blatt von einem Gummibaum,
dann ging es in den Hühnerstall,
und legte einen Gummiball.

Von Joachim Ringelnatz

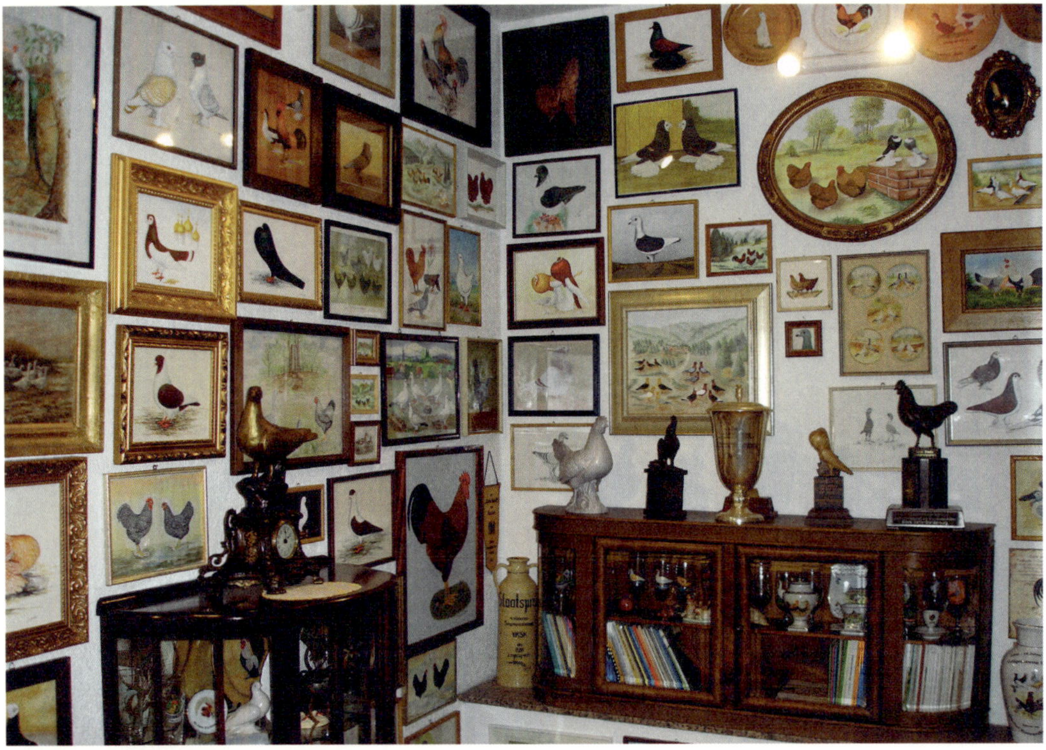

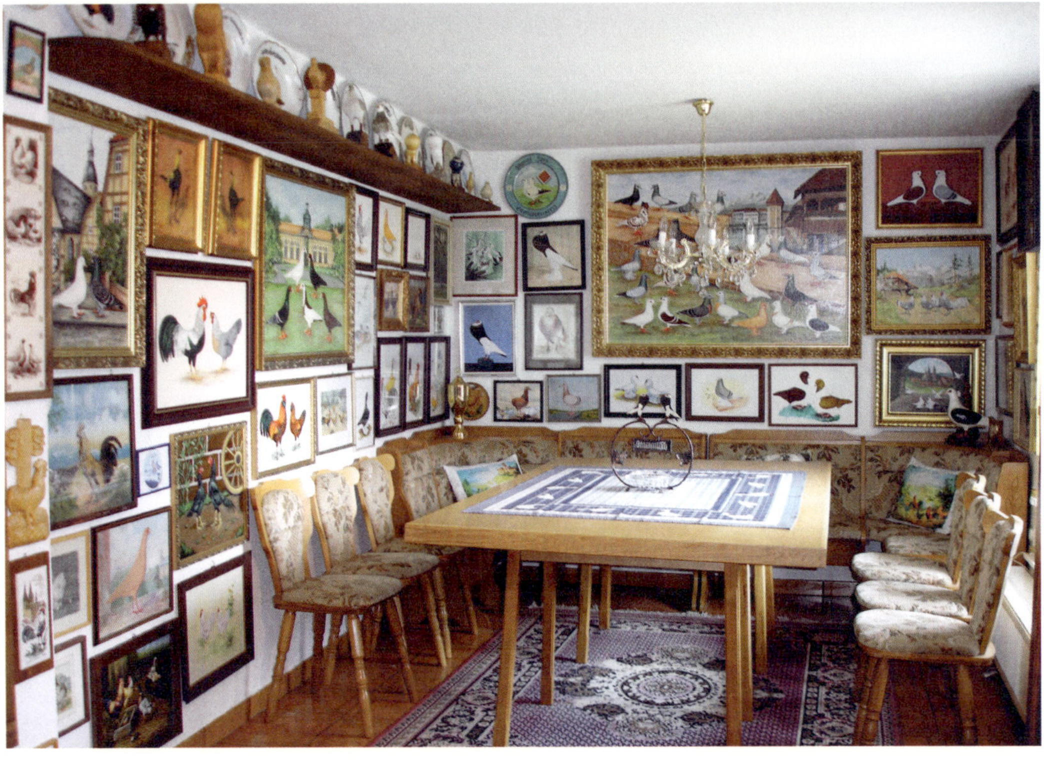

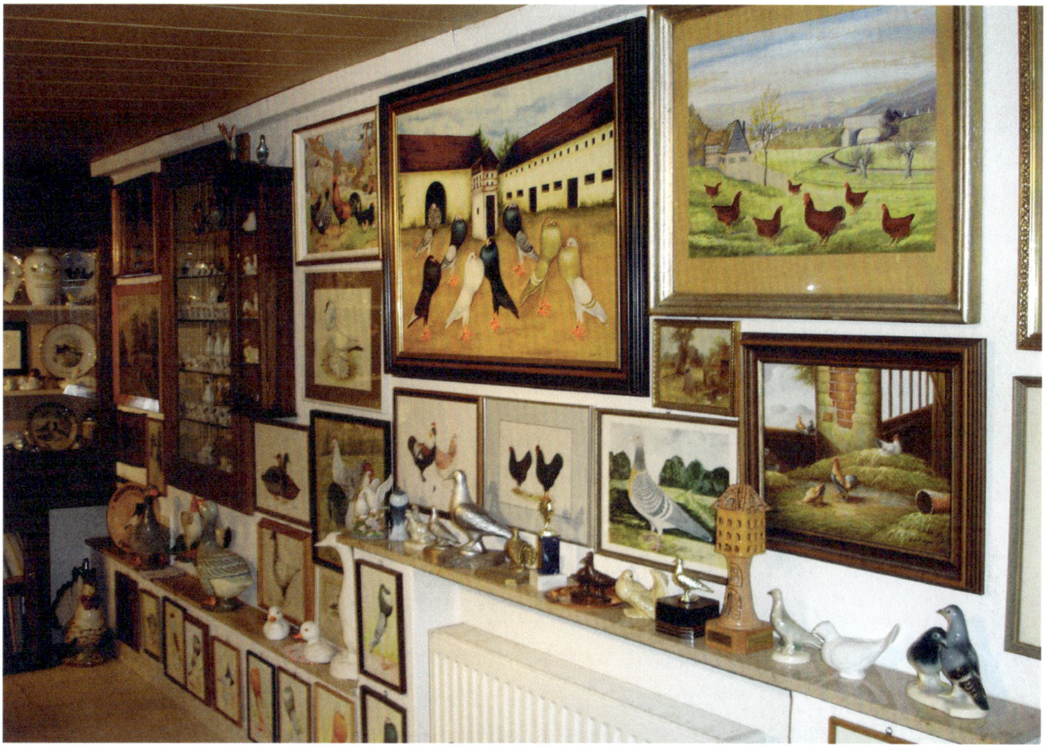

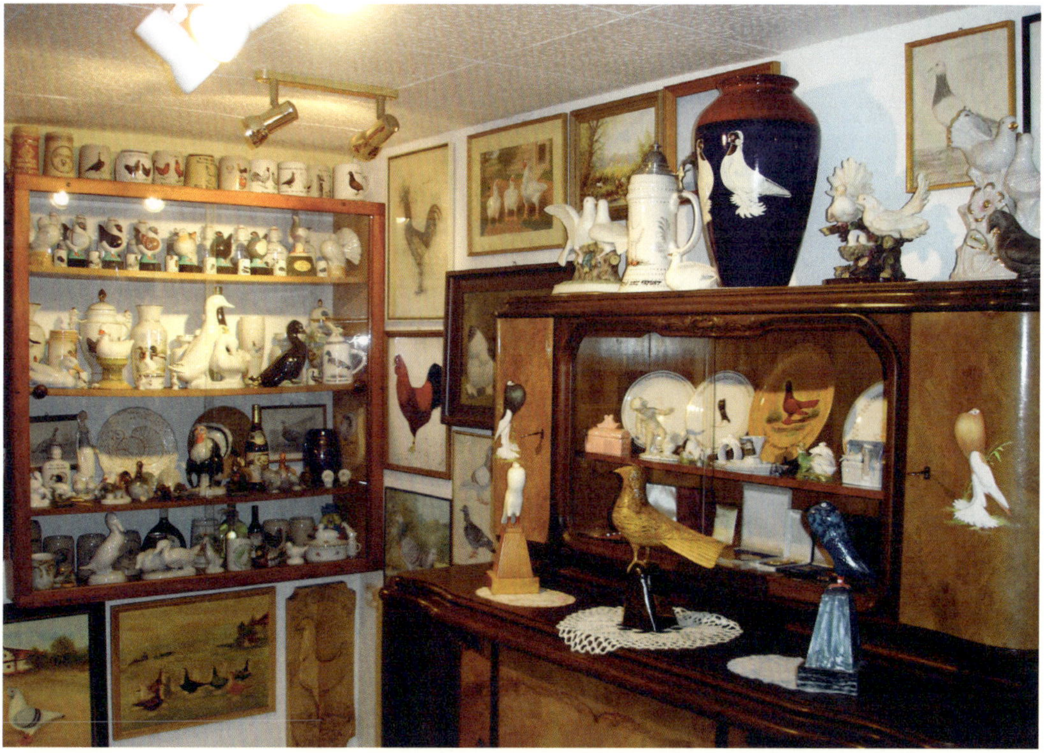

Das zweite Leben

Alle Federlosen behaupten, dass wir flink sind. Wieselflink, sagt einer. Wie eine kleine Rakete, sagt ein anderer. Ich gehöre zu keiner der beiden Kategorien, ich bin im Team Vorsicht. Erst denken, dann handeln – oder es sein lassen. Gretchen, unsere Übermütigste – der Hühnergott habe sie selig –, behauptete, dass jedes Huhn, das zu viel Zeit mit Grübeln verbringt, am Leben vorbei lebt. Gretchen war schnell, manchmal voreilig, mutig und verwegen, und manchmal ging es mit ihr durch. Dann dachte sie, sie sei schneller als ein Junge auf diesem Brett mit vier Rädern, auf dem er durch die Straßen kariolte. Aber Gretchen war nicht schneller, sie starb, plattgefahren von einem Brett mit vier Rädern. Ein Zucken, ein Zappeln, dann war unser Gretchen so still wie sonst nur nachts. Warum ich dieses schreckliche Erlebnis erzähle? Weil ihr euch dann besser vorstellen könnt, was es für mich bedeutet, die Straße zu überwinden. Sie liegt zwischen meinem Hof und dem Teich, außer der Straße trennt mich nichts von diesem Teich. Dennoch brauchte ich mehrere Wochen, bevor ich den historischen Schritt wagte. Lustig, unser kleiner Hahn, der nicht wachsen will, lockte mich jeden Tag. Angeblich pendelte er zwischen den beiden Welten hin und her. Aber Lustig ist ein Hahn und von meinen Mädchen weiß ich, dass du so gut wie tot bist, wenn du auf die Ratschläge eines Hahns hörst. Zumal Lustig quasi ein halbes Hähnchen war. Er behauptete immer, das läge nur an seinen Genen. Wir behaupten, es lag daran, dass sein Körper mit seinem Schnabel nicht mitwuchs. Große Klappe, wenig Hahn dahinter. Eines Tages kehrte Lustig nicht auf den Hof zurück. Wir wussten sofort, dass er sich nicht nur verspätet hatte.

Dieses zweite schreckliche Erlebnis hat mich aber nicht entmutigt, irgendwie provozierte es mich. Wäre der Übertritt in die neue Welt nicht doch möglich? Ist es so schwer, klüger als ein Hähnchen zu sein? Einige Tage verbrachte ich am Straßenrand und zählte die Autos. Von den Zahlen habe ich niemandem erzählt, Team Vorsicht spielt nach eigenen Regeln. Erst als ich hundertmal beobachtet hatte, dass niemals zwei Autos dicht hintereinander vorbeifahren, setzte ich alles auf eine Karte. An diesem bewussten Morgen nahm ich besonders herzlich Abschied von meinen Lieben. Eine halbe Stunde später stand ich am Teich – lebendig, in einem Stück, kein Auto hatte mich angegriffen, kein Hundeungeheuer jagte mich, kein Habicht kreiste über mir. Ich war im neuen Kapitel meiner Existenz angekommen.

So begann mein zweites Leben. Du kannst das zweite Leben führen, ohne das erste vollständig zu beenden. Das erste hat mich gelehrt, all das zu beherzigen, was ein gehorsames Haushuhn tut, was es lässt, wobei es sich nicht erwischen lassen darf, womit es sich bei den Federlosen beliebt macht und was einen Federlosen rabiat werden lässt. Von unseren erfahrenen Hennen weiß ich, dass man am Gesicht der Federlosen ablesen kann, ob bei ihnen in der nächsten Zeit Huhn auf dem Speiseplan stehen wird. Ob das grausam ist? So ist das Hühnerleben. Im Gegensatz zu manch anderem Tier schmecken wir gut. Mehr möchte ich darüber nicht sagen.

Der Teich beginnt nicht direkt hinter der Straße. Erst kommt ein Rasenstreifen, 15 Hühnerschritte – das Maß, an dem wir uns orientieren. Danach liegt links der Urwald, rechts wachsen Pflanzen, aber sie ragen nicht bis in den Himmel hinauf, du kannst die Bäume dahinter sehen und ahnst das Wasser.

Am ersten Tag landete ich im Urwald. Heute weiß ich, dass es sich um Schilf handelt. Aber den Urwald bekomme ich nicht mehr aus dem Kopf. Im Urwald ist es so still, dass ich das Ratatatata meines Herzschlags höre. Bei meinen Ausflügen in den ersten Tagen waren die Abstände zwischen den Schlägen so winzig, dass ich mich anhörte wie ein kleiner Elektromotor. Dass es etwas in meinem Körper gibt, das so fix ist! Ich musste mich unbedingt beruhigen, aber wenn du das Gefühl hast, du seist soeben auf dem Mond gelandet, dann klappt das nicht.

Die Stämme vom Schilf sind dünn, ich konnte mich zwischen ihnen hindurchdrängen. Immer das Ziel im Kopf, wenn auch noch nicht vor Augen: der Teich. Zuerst begegnete ich dem Frosch – lass es einen Frosch gewesen sein und keinen Drachen! Danach kam der Vogel, ein Vögelchen, acht oder zehn von ihnen würden ein Huhn ergeben. Angst fühlte ich keine, aber es war zu viel Neues auf einmal und auf nichts war ich gefasst, bevor ich ihm ins Auge blickte. Das meiste, dem ich am ersten Tag begegnete, besaß zwei Augen. Manches hatte Schnäbel, einige waren winzig. Die Ente, die sich mir in den Weg stellte, war das erste bekannte Geschöpf. Es hatte Enten auf unserem Hof gegeben. Danach traf ich etwas, das lang und flach und spindeldürr war, Beine sah ich keine. Das dünne Ding glitt auf das Wasser zu. Ich traf eine Maus und zwei ähnliche, aber doppelt so groß. Angeblich nennt man sie Ratten. Als es plötzlich lauter wurde, traf mich fast der Schlag. Ich sah das Tier, das den Halm hinauflief. Es war nicht zu fassen! So viel Eleganz, ein kleiner Zirkuskünstler. Wie eine Maus, aber pelziger. Dagegen sind wir Hühner plump wie Regentonnen. Dann sah ich einen verkleideten Hund! Die verkleidete Katze! Vielleicht waren es auch Marder, Iltis, Hamster, jedes Tier mit nadelspitzen Zähnen, extra hergestellt, um einem armen Huhn den Hals durchzubeißen. Damals wusste ich noch so wenig, das Leben auf dem Hühnerhof macht dich nicht automatisch zu einer Biologielehrerin.

Das war der erste Tag, eine einzige Stunde vom ersten Tag. Danach entdeckte ich Nester mit Eiern, ich traf die seltsame Ente, die sich vorstellte: »Gestatten, Gans.« Danach begegnete ich einer Art Huhn. Angeblich heißt es Rebhuhn, Herr Rebhuhn. Ich musste ihn korrigieren: »Hahn, dann heißt du Hahn.« Aber seine Frau, einfarbig wie ich, sagte: »Bring ihn nicht durcheinander. Er verkraftet Neuigkeiten schlecht. Es dauert Tage, bis ich ihn wieder in der Spur habe.« Deshalb hielt ich den Schnabel und suchte den Rückweg, wofür ich den Rest des Tages brauchte. Zwischendurch hatte ich mit meinem Leben abgeschlossen. Ich war verloren, ich würde verhungern oder gefressen werden, wahrscheinlich beides innerhalb von zehn Minuten! Aber schließlich hockte ich am Straßenrand und überlegte, was sicherer ist: sofort zurück über die lebensgefährliche Straße oder warten, bis es dämmrig wird. Ich begann mich, vor der Möglichkeit zu fürchten, dass das Haus, hinter dem mein Hof liegt, abends unsichtbar werden könnte, weil man es nachts nicht sieht. Irgendetwas kam mir an meiner Theorie falsch vor, aber dies war nicht der Tag, an dem meine Gedanken die kürzeste Verbindung zwischen A und B fanden.

Am nächsten Morgen teilten mir die Schwestern mit, was für ein Theater ich nachts träumend angeblich auf der Stange veranstaltet hatte. »Hättest du auch noch gesungen, wäre das Spektakel perfekt gewesen.«

Sie fragten nach meinen Abenteuern in der weiten Welt und ich erzählte. Aber konnte alles wahr sein, woran ich mich erinnerte? Nie zuvor habe ich so lange auf dem Nest gesessen. Am Ende kam ein Ei dabei heraus, aber es war Schwerstarbeit. Danach lief ich schnell wieder hinüber in die zweite Existenz.

Das Ganze liegt nun eine Zeit zurück, die bei den Federlosen Monat heißt. Mein neues Leben läuft so ab: Aufwachen, Futter, Ei, über die Straße, Welt am Teich. Meine neue Welt, die ich liebe und immer noch ein wenig fürchte. Vor allem den Ozean, den kein Lebewesen durchschwimmen kann, so groß ist er. Jeden Tag kommen die Hunde, verfolgen sich gegenseitig, jagen Stöcke, jagen Bälle, und wenn ihnen ein Federloser auf seinem Zweirad über den Schwanz fahren will, hetzen sie ihn, bis man nichts mehr von ihm sieht. Manchmal ruft einer der Aufpasser, über die jeder Hund verfügt, der Hund solle es nicht übertreiben. Aber Hundeohren verfügen über eine spezielle Installation. Man kann sie so einstellen, dass Geräusche von außen sie erreichen – oder dass diese an der Sperre abprallen und wirkungslos verhallen.

Ich verstecke mich nicht mehr im Schilf, jedenfalls nicht mittendrin. Aber es tut mir gut, wenn ich es hinter mir weiß. Sicher ist sicher.

Ich bin ein Huhn und will mehr von der Welt entdecken als meine Schwestern und die blöden Hähne. Wenn ich vor dem Schilf stehe und über den Teich zu den jagenden Hunden blicke, wird mir bewusst, in was für beengten Verhältnissen ich den ersten Teil meines Hühnerlebens verbrachte. Der Hühnergott möge verhindern, dass dies bereits der größte Teil war. Ich bin geboren, um wild und frei zu leben. Auf dem Hof, von dem ich stamme, wurden wir nicht geprügelt und mussten nicht hungern. Ich habe freundliche Federlose kennengelernt, aber heute weiß ich, warum sie freundlich waren. Sie dachten wohl, wir würden ein Hühnerleben lang nach ihrer Pfeife tanzen.

Dass sie sich mit dieser Erwartung geschnitten haben, damit müssen sie nun fertigwerden. Du kannst ein wildes Huhn nicht jahrelang hinter Gittern halten, mögen diese Gitter auch dünn sein, so dünn, dass viele Hühner sie irgendwann gar nicht mehr sehen. Dann leben sie, gehorsam und regelmäßig gefüttert, im Hühnerknast und glauben, sie hätten es gut getroffen. Aber nicht mit mir.

Mein neues Leben zwischen Natur, Teich und Hundeprärie hat mir die Augen geöffnet. Die Straße ist immer noch die Straße, gefährlich wie eh und je. Am unteren Ende, zur Stadt hin, hat es kürzlich ein Hörnchen nicht geschafft. Tagelang lag es am Rand, noch auf dem Asphalt, bis sich ein Federloser erbarmte und seinen Leichnam mit einer Schaufel entfernte. Die Autos hatten es mittlerweile völlig plattgefahren. Den Anblick, so schrecklich er ist, werde ich mir merken. Das hätte ich sein können! Von wegen sicheres Leben in der Obhut der Federlosen.

Erst in meinem neuen Leben habe ich die Vielfalt der Welt kennengelernt. Es gibt so viel mehr als Hühner, Hunde und Katzen. Die meisten meiner neuen Freunde haben ihren Lebensmittelpunkt am Teich, einige andere halten es wie ich: Sie haben noch ein altes Zuhause, aber kommen regelmäßig herüber, die meisten haben schon mehrere Übernachtungen am Teich hinter sich.

Bei meinen neuen Freunden bin ich beliebt. Alle mögen mich und hören andächtig zu, wenn ich von meinem früheren Leben erzähle. Diejenigen unter ihnen, die Kinder großziehen, lieben mich besonders für meine Eier, deshalb spendiere ich ihnen manchmal eine Zwischenmahlzeit. Seitdem gelte ich als gefiederte Apotheke. Damit entgehen den Federlosen einige Schmuckstücke, an die sie sich gewöhnt hatten. Aber sie werden nicht verhungern und ich muss Prioritäten setzen.

Mit einem Auge habe ich immer noch die Federlosen im Blick. Sie verstecken sich zwischendurch für mehrere Tage und wenn sie wieder auftauchen, ist ihre Haut brauner. Oder ihr Bein steckt in einem Verband und sie brauchen Krücken, um nicht umzufallen. Sie tun dann immer so, als wären sie auf der anderen Seite der Erde gewesen. Dann lache ich in mich hinein und denke: Wir sollten uns mal zusammensetzen. Ihr erzählt mir von euren Abenteuern und wie ihr auf euren dicken Hintern gefallen seid und ich erzähle von meinen Abenteuern. Wetten, dass ihr keine Chance gegen mich habt? Dafür müsst ihr euch nicht schämen. Ihr seid nur Federlose, ihr müsst Hosen anziehen und euch die Nase putzen, bevor ihr das

Haus verlasst. Ich bin ein wildes Tier. Ich brauche die Abwechslung und das Abenteuer – je mehr, desto lieber. Wenn ihr mich einsperrt, verkümmere ich, meine Federn fallen aus und die Schale meiner Eier wird brüchig. Wollt ihr das wirklich riskieren? Wilde Tiere darf man nicht einsperren. Und sollte man es doch versuchen, wird man sein blaues Wunder erleben.

Nur noch wenige Tage und ich werde meine erste Nacht am Teich verbringen. Ich bin nur noch einen Schritt von dem magischen Datum entfernt, das den endgültigen Übergang vom Haustier zum Wildtier markiert. Schöpfung, ich komme!

Ich wollt, ich wär ein Huhn

...
Und hat er endlich was erreicht
Nimmt's eine Frau ihm weg

Er lebt, wenn's hoch kommt hundert Jahr und bringt's bei gutem Staat
Und nur, wenn er sehr fleißig war, zu einem Rauschebart

Ich wollt, ich wär ein Huhn
Ich hätt nicht viel zu tun
Mich lockte auf der Welt
Kein Ruhm mehr und kein Geld

Ich brauchte nie mehr ins Büro
Und du wärst dämlich aber froh

Ich wollt, ich wär ein Huhn
Ich hätt nicht viel zu tun
Ich legte täglich nur ein Ei
Und sonntags auch mal zwei

Ich wollt, ich wär ein Hahn
Dann würde nichts getan
Ich legte überhaupt kein Ei
Und wär die ganze Woche frei

Dann lockt mich auf der Welt
Kein Ruhm mehr und kein Geld
Ich setz mich in den Mist hinein und sing für mich allein

Ich ginge nie mehr ins Büro
Denn was ich brauchte kriegt ich so

Ich wollt, ich wär ein Hahn
Dann würde nichts getan
Ich würd mit meinen Hühnern gehen
das wäre wunderschön.

Peter Kreuder / Hans Fritz Beckmann / Wilbur Pauley

Ja, mein Kind!

Papa-a?
Ja, mein Kind?

Wenn im Glauben, dass ich penne,
Ihr euch nachts wie Hahn und Henne
Lauthals durch die Federn vogelt;

Wenn ihr dann ... wie soll ich sagen ...
Euch am Morgen wie erschlagen
Schluffelnd durch die Wohnung mogelt,

Saft- und kraftlos, zwei Gerippe –
Ist sie das? Die Vogelgrippe?

Kannst du die Frage noch mal wiederholen?

Thomas Gsella

Es war einmal ...

Das Huhn, das goldene Eier legte	Jean de La Fontaine
Das Lumpengesindel	Brüder Grimm
Die Bremer Stadtmusikanten	Brüder Grimm
Die drei Glückskinder	Brüder Grimm
Der Hahnenstein	Giambattista Basile
Hans mein Igel	Brüder Grimm
Jack und die Bohnenranke	Gidon Horowitz
Das Waldhaus	Brüder Grimm
Das ist wirklich wahr	Hans Christian Andersen

Max und Moritz, Streich 1
von Wilhelm Busch

Mancher gibt sich viele Müh
Mit dem lieben Federvieh:
Einesteils der Eier wegen,
Welche diese Vögel legen,
Zweitens, weil man dann und wann
Einen Braten essen kann;
Drittens aber nimmt man auch
Ihre Federn zum Gebrauch
In die Kissen und die Pfühle,
Denn man liegt nicht gerne kühle.
Seht, da ist die Witwe Bolte,
Die das auch nicht gerne wollte.

Ihrer Hühner waren drei
Und ein stolzer Hahn dabei.
Max und Moritz dachten nun:
Was ist hier jetzt wohl zu tun?
Ganz geschwinde, eins, zwei, drei,
Schneiden sie sich Brot entzwei,
In vier Teile, jedes Stück
Wie ein kleiner Finger dick.
Diese binden sie an Fäden,
Übers Kreuz, ein Stück an jeden.
Und verlegen sie genau
In den Hof der guten Frau.

Kaum hat dies der Hahn gesehen,
fängt er auch schon an zu krähen:
Kikeriki, kikikerikih!!
Tak, tak, tak, da kommen sie!
Hahn und Hühner schlucken munter
Jedes ein Stück Brot hinunter;
Aber als sie sich besinnen,
Konnte keines recht von hinnen.

In die Kreuz und in die Quer
Reißen sie sich hin und her,
Flattern auf und in die Höh,
Ach herrje, herrjemine!
Ach, sie bleiben an dem langen,
Dürren Ast des Baumes hangen.
Und ihr Hals wird lang und länger,
Ihr Gesang wird bang und bänger,
Jedes legt noch schnell ein Ei,
Und dann kommt der Tod herbei.

Witwe Bolte in der Kammer
Hört im Bette diesen Jammer;
Ahnungsvoll tritt sie heraus:
Ach, was war das für ein Graus!

„Fließet aus dem Aug, ihr Tränen!
All mein Hoffen, all mein Sehnen,
Meines Lebens schönster Traum
Hängt an diesem Apfelbaum!"
Tiefbetrübt und sorgenschwer
Kriegt sie jetzt das Messer her,
Nimmt die Toten von den Strängen,
Dass sie so nicht länger hängen,

Und mit stummem Trauerblick
Kehrt sie in ihr Haus zurück.
Dieses war der erste Streich,
Doch der zweite folgt sogleich.

Hier gibt es Hühner

Ortsverein Hühnerhaus Hinterm Brook

Es lässt sich gut gackern, wenn anderer Leute
Hühner die Eier legen

Worte sind gut, aber Hühner legen Eier

Hertha, eine Legelegende

Es ist wegen der Hühner

Ach, Huhn!

Huhn kommt gut

Mit Liebe gelegt

Sie legt wirklich Riesendinger

Elf Küken sollt ihr sein

Aus gebratenen Eiern kommen keine Hühner

Das Huhn, das Huhn und nicht der Hahn

Mit den Hühnern ins Bett gehen

Hühnerrassen

Im europäischen Rassegeflügelstandard sind über 180 Hühnerrassen auf-geführt, die Farbvarianten ergeben dann rund 500 Arten in Europa. Vom *Hamburger* bis zum *Eulenbarthühner Mohrenkopf*, von *Ostfriesischer Möwe* bis hin zu *Malaien* findet sich hier viel Erstaunliches, sogar mit Wurzeln bis in die Römerzeit. Hier eine kleine Auswahl.

Appenzeller Spitzhauben

silber-schwarz getupft; gold-schwarz
getupft
Herkunft: Schweizer Huhn; Kanton
Appenzell; entstanden aus alten Hauben-
huhnschlägen.
Gewicht: Hahn 1,5 bis 1,8 kg,
Henne 1,2 bis 1,5 kg
Legeleistung: 150 Eier
Eierschalenfarbe: weiß
Eiergewicht: 55 g

Cemani

schwarz
Herkunft: Sumatra und Java. 1998 in
den Niederlanden und Anfang des
21. Jahrhunderts in Deutschland eingeführt
Gewicht: Hahn 2,0 bis 2,5 kg,
Henne 1,5 bis 2,0 kg
Legeleistung: 150 Eier
Eierschalenfarbe: hell cremefarbig
Eiergewicht: 40 g

Dänische Landhühner

rebhuhnhalsig
Herkunft: Aus alten Landhuhnschlägen
in Dänemark erzüchtet. 1879 erstmals
vorgestellt.
Gewicht: Hahn 2,0 bis 2,5 kg,
Henne 1,75 bis 2,0 kg
Legeleistung: 160 Eier
Eierschalenfarbe: weiß
Eiergewicht: 55 g

Deutsche Lachshühner

lachsfarbig
Herkunft: Seit 1912 Bezeichnung für die deutsche Zuchtrichtung
des französischen Faverolles-Huhnes.
Gewicht: Hahn 3,0 bis 4,0 kg,
Henne 2,5 bis 3,25 kg,
Legeleistung: 150 Eier
Eierschalenfarbe: hellgelb bis braun
Eiergewicht: 55 g

Deutsche Sperber

gesperbert
Herkunft: Seit 1903 zunächst als
„gesperberte Minorkas" gezüchtet,
später zum Landhuhntypus
umgestaltet.
Gewicht: Hahn 2,5 bis 3,0 kg,
Henne 2,0 bis 2,5 kg
Legeleistung: 180 Eier
Eierschalenfarbe: weiß
Eiergewicht: 60 g

Dorking

silber-wachtelfarbig; goldhalsig
Herkunft: England. Eine der ältesten Haushuhnrassen.
Bis in die Römerzeit (55 vor Christi Geburt) dort nachweisbar.
Um 1860 in Deutschland eingeführt.
Gewicht: Hahn 3,5 bis 4,5 kg,
Henne 2,5 bis 3,5 kg
Legeleistung: 140 Eier
Eierschalenfarbe: weiß
Eiergewicht: 55 g

Empordanesa

gelb mit blauem Schwanz; gelb mit
weißem Schwanz
Herkunft: Alte katalanische Landrasse.
Um 1920 in der Region Emporda entdeckt
und durch die Landwirtschaftsschule
Barcelona weitergezüchtet.
1999 in Deutschland zugelassen.
Gewicht: Hahn 2,4 bis 3,0 kg,
Henne 1,7 bis 2,3 kg
Legeleistung: 190 Eier
Eierschalenfarbe: sehr dunkles Rotbraun,
bisweilen auch mit bläulichem Schimmer
Eiergewicht: 60 g

Eulenbarthühner Mohrenkopf

weiß; weiß
Herkunft: Alte niederländische Rasse aus
Land- und Haubenhühnern
entstanden.
Gewicht: Hahn 2,2 bis 2,5 kg,
Henne 1,6 bis 1,8 kg
Legeleistung: 160 Eier

Eierschalenfarbe: rein weiß.
Eiergewicht: 55 g

Friesenhühner

gelb-weißgeflockt
Herkunft: Niederlande, Provinz
Friesland.
Gewicht: Hahn 1,5 bis 1,6 kg,
Henne 1,2 bis 1,3 kg
Legeleistung: 200 Eier
Eierschalenfarbe: weiß
Eiergewicht: 52 g

Hamburger Silbersprenkel

Silberlack
Herkunft: Aus den Sprenkelhühnern der Nordseeküste,
die unter dem Namen Alltagsleger außer Landes
gingen, herausgezüchtet.
Gewicht: Für Schwarz, Weiß, Blau und
Silberlack: Hahn 2 bis 2,5 kg,
Henne 1,5 bis 2 kg
für die übrigen Farben: Hahn 1,5 bis 2 kg,
Henne 1 bis 2 kg
Legeleistung: 170 Eier
Eierschalenfarbe: weiß
Eiergewicht: 56 g

Jersey-Giants

schwarz
Herkunft: USA. Gegen Ende des 19. Jahrhunderts im Staat New Jersey aus
schwarzen Javas, Croad-Langschan, dunklen Brahmas und schwarzen
Langschan erzüchtet. Seit 1922 im amerikanischen Standard;
1985 in Deutschland zugelassen.

Gewicht: Hahn 4,5 bis 5,5 kg,
Henne 3,6 bis 4,5 kg
Legeleistung: 180 Eier
Eierschalenfarbe: braun
Eiergewicht: 60 g

Kaulhühner

silberfarbig gebändert; silberhalsig
Herkunft: Eine durch den Verlust der letzten Schwanzwirbel seit
Jahrhunderten allgemein bekannte Form der Landhühner.
Gewicht: Hahn 2,0 bis 2,5 kg,
Henne 1,5 bis 2,0 kg
Legeleistung: 150 Eier
Eierschalenfarbe: weiß
Eiergewicht: 53 g

Koeyoshi

silber-wildfarbig
Herkunft: Seit der Mitte des 18. Jahrhunderts
im Norden Japans als Langkräherrasse gezüchtet.
Der Name bedeutet „gute lange Stimme". Als besonderes
Rassemerkmal gilt der länger als 7 Sekunden dauernde Krähruf.
Länge und Tiefe der Stimme sowie der leise und melodische Verlauf
des „Gesangs" sind Kriterien für die Beurteilung.
1993 in Deutschland eingeführt.
Gewicht: Hahn 4,0 bis 4,5 kg,
Henne 3,0 bis 3,75 kg
Legeleistung: 80 Eier
Eierschalenfarbe: hellbraun
Eiergewicht: 45 g

Krüper

gesperbert; schwarz-weiß gedobbelt
Herkunft: Alter europäischer Landhuhn-
schlag.
Gewicht: Hahn 1,75 bis 2,25 kg,
Henne 1,5 bis 2,0 kg
Legeleistung: 180 Eier
Eierschalenfarbe: weiß
Eiergewicht: 55 g

Malaien

fasanenbraun; gold-weizenfarbig
Herkunft: Ein Urhuhn Indiens und des Malaiischen Archipels,
das Anfang des 19. Jahrhunderts nach Europa kam und zur
Herauszüchtung verschiedener Rassen benutzt wurde.
Gewicht: Hahn 3,5 bis 4,5 kg,
Henne 2,5 bis 3,5 kg
Legeleistung: 80 Eier
Eierschalenfarbe: bräunlich oder gelb
Eiergewicht: 50 g

Ostfriesische Möwen

silber-schwarz geflockt; gold-schwarz geflockt
Herkunft: Altes Landhuhn der deutschen Nordwestküste.
Gewicht: Hahn 2,25 bis 3,0 kg,
Henne 1,75 bis 2,5 kg
Legeleistung: 170 Eier
Eierschalenfarbe: weiß
Eiergewicht: 55 g

Penedesenca
gold-weizenfarbig
Herkunft: Sehr alte katalonische Hühnerrasse.
Ab 1921 in Spanien rein gezüchtet.
Gewicht: Hahn 2,0 bis 2,7 kg,
Henne 1,7 bis 2,0 kg
Legeleistung: 190 Eier
Eierschalenfarbe: sehr dunkles Rotbraun
Eiergewicht: 58 g

Ramelsloher
gelb; weiß
Herkunft:
Seit 1870 aus dem robusten Vierländer Landhuhn, insbesondere unter
Verwendung typischer Tiere dieses Schlages aus dem Dorfe Ramelsloh im
Kreise Harburg, als Rasse gefestigt. 1874 erstmalig in Hamburg unter
dem Namen Ramelsloher ausgestellt; 1889 mit fehlfarbigen Andalusiern
weiter verbessert.
Gewicht: Hahn 2,5 bis 3,0 kg,
Henne 2,0 bis 2,5 kg
Legeleistung: 170 Eier
Eierschalenfarbe: weiß
Eiergewicht: 56 g

Seidenhühner
silber-wildfarbig; weiß
Herkunft: Ostasien. In der Literatur seit
fast 700 Jahren nachweisbar. Auch in
Europa schon lange bekannt.
Gewicht: Hahn 1,4 bis 1,7 kg,
Henne 1,1 bis 1,4 kg
Legeleistung: 80 Eier
Eierschalenfarbe: hellbraun
Eiergewicht: 40 g

Strupphühner

blau; schwarz
Herkunft: Nach Dürigen (1922) aus dem südlichen Asien stammend.
In englischer Literatur seit 1676, in deutschen Aufzeichnungen seit der
1. Hälfte des 18. Jahrhunderts nachweisbar. Im englischsprachigen Raum
als „Frizzle" bekannt. In den USA 1874 standardisiert.
Gewicht: Hahn 3,0 bis 3,5 kg,
Henne 2,0 bis 2,5 kg
Legeleistung: 130 Eier
Eierschalenfarbe: weiß bis gelbbraun
Eiergewicht: 58 g

Vorwerkhühner

Herkunft: Nach 1900 in Hamburg
herausgezüchtet, 1912 erstmals
gezeigt.
Gewicht: Hahn 2,5 bis 3,0 kg,
Henne 2,0 bis 2,5 kg
Legeleistung: 170 Eier
Eierschalenfarbe: gelblich
Eiergewicht: 55 g

Hühnerbücher
(eine kleine Auswahl)

Das große Buch der Hühnerhaltung im eigenen Garten, Axel Gutjahr – Hege und Pflege, Haltung, Rassen, sachkundig und detailliert

How to Speak Chicken, Melissa Caughey – Warum Ihre Hühner tun, was sie tun, und sagen, was sie sagen

Hühner im Glück! Lisa Steele – Über 40 originelle DIY-Projekte rund um Stall, Auslauf und Garten

Hühner, Eine fotografische Liebeserklärung, Matteo Tranchellini, Moreno Monti – Der erste und einzige große Bildband über die gefiederten Schönheiten

Dein Jahr. Dein Huhn. Dein Ei, Matthias Mainhardt – Ein Jahresbegleiter auf dem Weg zu glücklichen Hühnern

Ich wollt', ich wär' ein Huhn, Barbara Sandri, Francesco Giubbilini und Camilla Pintonato – Tolle Wissensquelle für alle Hühnerfreunde

Hühner-Malbuch – für Erwachsene, Alissa Reese – Entspannung, Stressabbau und Freude mit Mandalas

Clickertraining für Hühner, Giene Keyes – Klappt nicht nur beim Hund, sondern auch auch beim Huhn

Kleinvieh macht auch Mist, Susanne Schmieder – Der einfache Weg zu glücklichen Hühnern und Bio-Eiern aus dem eigenen Garten

Superfood für Hühner, Tauben & Co., Wilhelm Bauer – Gesunde Leckerschmecker frisch und selbstgemischt

Meine Hühner: Notizbuch mit Bestandsregister, Björn Meyer – Das Buch für Listenfans: Bestandsbuch, Legeliste für zwei Jahre, Eierkalender

Mein Garten für freilaufende Hühner, Jessi Bloom, Kate Baldwin – Freilaufende Hühner und ein schöner Garten sind kombinierbar

Zuhause ist, wo meine Hühner sind, Tanja Berlin – Das Glück legt manchmal Eier ... Geschichten und kreative Ideen rund ums Huhn

Meine Hühner und ich Isabella Rossellini – Die Liebe zum Huhn muss in der Familie liegen

Happy Huhn, Robert Höck – Das Buch zur erfolgreichen YouTube-Serie

Chicks in the City, Marlies Busch – Hühner sind das neue Urban Gardening

Geschichten vom Federvieh, Myriam Hoffmann – Zwölf humorvolle Geschichten zum Selbstlesen oder Verschenken

Seefahrt mit Huhn, Guirec Soudée – Fünf Jahre um die Welt mit einem Huhn

Lahme Ente, blindes Huhn, Ulrich Hub und Jörg Mühle – Ein umwerfend komisches Kinderbuch über Mut, wahre Freundschaft und allergeheimste Wünsche

Das Hühnerbuch für Kids, Robert Höck – Beobachten, versorgen, Eier sammeln

Die Wilden Hühner, Cornelia Funke und Florentine Prechtel – Deutschlands beliebteste Mädchen-Bande

Hühnersuppe gegen Erkältung und Müdigkeit

Man braucht ein ganzes Tier, frisch oder tiefgekühlt. Billiger als junge Masthühner sind Suppenhühner, die Legehühner waren. Ihr Vorteil: Das ältere, gelatinereiche Fleisch macht die Brühe schön kräftig. Allerdings wird es beim Kochen nur weich, nicht zart.

Suppenhuhn (für ca. 6 Personen)

Zutaten:
1 Suppenhuhn
1 EL Salz
5 schwarze Pfefferkörner
2 Lorbeerblätter
3 Nelken
3 Wurzeln
2 Zwiebeln
1 Stange Lauch
100 g Fadennudeln oder Glasnudeln
2 Stängel Petersilie

Das Suppenhuhn unter kaltem Wasser abspülen. Einen Suppentopf mit so viel Wasser füllen, bis das Huhn bedeckt ist. Mit Salz, Pfeffer, Lorbeerblätter und Nelken langsam aufkochen und bei kleiner Hitze ca. 1 ½ Stunde ziehen lassen, bis es gar ist. Schaum von Zeit zu Zeit abschöpfen. 30 Minuten vor Ende das geschnittene Gemüse beigeben. Nach Ablauf der Garzeit das Huhn herausnehmen, abkühlen lassen und die Lorbeerblätter entfernen. Die Nudeln zufügen und 5 Min. mitgaren. Währenddessen das Huhn häuten und das Fleisch in mundgerechte Stücke schneiden und der Suppe wieder beifügen. Mit Salz und Pfeffer abschmecken und vor dem Servieren die Suppe mit Petersilie garnieren.

(Rezept nach Kneipp)

Huhn und Hase

Meinen Eltern ist vor vielen Jahren einmal ein Huhn zugelaufen. Es war ein ganz gewöhnliches, braunes und fiel erst auf, als mein Vater eines Abends im Stall durchzählte und acht statt sieben Hühner vorfand. Er wunderte sich, nahm die Tatsache aber hin und so lebte die unbekannte Henne fortan glücklich in ihrem selbstgewählten Zuhause.

Die Philosophie meines Elternhauses besagt, dass alle Tiere so lang leben dürfen, bis sie eines natürlichen Todes sterben, das gilt auch für Hühner, und auch für die zugelaufenen. Nun wollten meine Eltern die Hühnerhaltung aufgeben und ließen die Tiere eines nach dem anderen ihr individuelles Zeitliches segnen. Nur ein Huhn starb und starb einfach nicht: das zugelaufene braune.

Zur gleichen Zeit hielten meine Eltern in einem anderen Stall zwei Meerschweinchen und ein Kaninchen. Die Schweinchen verabschiedeten sich ins Jenseits und ließen Paul, den deutschen Riesen mit dem zarten Temperament, allein zurück.

Sowohl Paul als auch das braune Huhn hatten inzwischen ein für ihre jeweilige Spezies recht respektables Alter erreicht, manchmal wunderte man sich, dass sie immer noch da waren. Eines schönen Frühlingstages entschlossen meine Eltern sich zu einem ungewöhnlichen Schritt: Sie stellten die beiden einander vor. Die Sonne schien warm auf das frischgemähte Gras, das sowohl für das Huhn als auch für den Hasen einen wahren Leckerbissen darstelle.

Erst vorsichtig, dann immer übermütiger begannen die beiden, gemeinsam durch den Garten zu hoppeln und zu scharren, nach wenigen Minuten waren sie unzertrennlich. Huhn und Hase gingen an Ort und Stelle eine Symbiose ein. Man konnte sagen, dass es Liebe war, oder zumindest eine sehr, sehr gute Freundschaft. Der Hase packte seine Sachen (metaphorisch, er besaß nicht viel) und zog noch am selben Abend in den alten Hühnerstall, er folgte dem Huhn einfach hinein, als die Sonne unterging. Er machte es sich am Boden gemütlich und begann noch in der Nacht mit dem Bau eines Baus. Huhn und Häschen, die jeweils letzten ihrer Art, verbrachten noch zwei oder drei Jahre gemeinsam, immer Seite an Seite, Haken schlagend, Körner scharrend, gurrend und mümmelnd. Einmal kam ein Nachbar von der anderen Seite des Dorfes vorbei, warf einen Blick auf den Hühnerstall und meinte: „Ah, da ist meine Henne. Die ist mir vor zehn Jahren abgehauen. Ich hab mich immer gefragt, was aus der wohl geworden ist."

Huhn und Hase starben ganz friedlich kurz nacheinander. Wir haben sie zusammen beerdigt.

Selina Seemann

Die Reihe »Menschen, Tiere, Sensationen« wird fortgesetzt mit dem Titel »Na, Hase?« im Frühjahr 2023.

Autorinnen und Autoren

Norbert Klugmann

In den 50er und 60er Jahren leitete mein Vater die Betriebskantine der Bundesbahn in Uelzen in Niedersachsen. Von seinem Schreibtisch blickte er auf den Garten, dahinter lag der Hühnerstall. Der Garten lieferte Gemüse, Kräuter und Erdbeeren. Im Stall legten zehn Rhodeländer Eier. Es gab nur diese Rasse, dunkelbraunrote massige Hühner. Wenn ich den Stall betrat, flog mir immer dieselbe Henne auf den Arm: ein Riesentier und ich war sechs Jahre. Es warf mich jedes Mal beinahe um. Vom Arm ging das Huhn nicht mehr herunter, ich war verzaubert, die Erwachsenen waren amüsiert.
So begann es.

Bis vor gar nicht langer Zeit wurden auf den Wochenmärkten lebende Tiere verkauft: Hühner, Enten, Gänse, Kaninchen.

Daran dachte ich, als ich Mitte der achtziger Jahre acht Folgen für die ARD-Vorabendserie „Tiere und Menschen" schrieb. Pro Folge ein anderes Tier. „Gegacker, zweiter Stock links" ist die Geschichte einer studentischen WG, die sich nach einer Zechtour auf dem Hamburger Fischmarkt mit Hühnern eindeckt, die fortan in der Altbauwohnung leben und legen.

1987 erschien „Huhn, was nun?" – ein Buch, für das ich eine längere Hühnersaga schrieb. Der zweite Schwerpunkt des Buchs waren Hühnerrezepte. Das ging damals problemlos.

In den folgenden Jahren erweiterte ich meinen animalischen Kosmos / Radius. So konnte „Revier im vierten Stock. Bekenntnisse einer Hauskatze" zum Klassiker werden, der seit 35 Jahren lieferbar ist. Seit den achtziger Jahren begleiten mich Viecher durch meine Romane, beispielsweise in „Heißer Herbst, kalte Hirsche" sowie in den drei Dorfromanen um „Niebuhr & Marks". Auch durch den Bereich der Storys und Kurzgeschichten ziehen sich tierische Plots. Das geht bis zu Fantasy-Ausflügen in „Ein Vater als Kater".

In Skizzen und Entwürfen zu Texten tauchen pelzige und gefiederte Geschöpfe regelmäßig auf. In Ausnahmefällen hilft ein medialer gesellschaftlicher Trend wie die Neuentdeckung des Huhns.

In diesem Moment enthält mein Ideenordner LITERATIER

··· Der Eselkrieg in den Cevennen – Vater oder Mutter und halbwüchsiges Kind auf mehrtägigem Selbstfindungstrip

··· Hund und Katz – Romantic Comedy

··· Ein harter Hund – Drogenhund Willis auf dem Flughafen

··· Der Wilde Mann – Alpines Drama

··· Assel & Consorten – Insekten-Comedy

··· Möpschen – Seniorenthriller

··· Pedro der Piranha – Bilderbuch. Nach Erlebnis im Ferienzentrum Weissenhäuser Strand

In meiner Familie ist das Tier ein traditionelles Thema. Es beginnt mit Zierfisch-Maniaks und endet beim Pferdesport-Cousin, der olympische Medaillen sowie europäische und nationale Titel sammelte.

Motto: Wenn du etwas über Menschen erfahren willst, schreibe über Tiere.

Von Norbert Klugmann stammen die Texte auf den Seiten 13ff., 34ff., 52ff., 68ff., 80ff., 102ff., 124ff., 136ff., 150ff. und 172ff.

Selina Seemann

steht seit 2016 als Slam-Poetin, Autorin und Moderatorin regelmäßig auf Bühnen im deutschsprachigen Raum. 2020 wurde sie Vizemeisterin im Poetry Slam in Schleswig-Holstein, ist mehrfache Siegerin des NDR-Poetry-Slams auf Plattdeutsch und Stammautorin bei der größten und erfolgreichsten Lesebühne Schleswig-Holsteins »Irgendwas mit Möwen«. Sie lebt in Kiel. Ihre Bücher erscheinen im KJM Buchverlag.

Von Selina Seemann stammt der Text auf den Seiten 198/199.

Hamburger Strich

Das sind Bettina Bexte, Dorthe Landschulz, Henning Christiansen, Huse, Jan Rieckhoff, Kai Flemming, Katharina Greve, Maren Amini, Miriam Wurster, Piero Masztalerz, Teja Fischer, Tetsche, Til Mette, Tim Oliver Feicke, Tobias Schülert und Wolfgang Sperzel

www.instagram.com/hamburgerstrich/ oder @hamburgerstrich

Maren Amini Maren macht es wie ein Huhn (gack gack) / hat immer schwer zu tun (gack gack). Sie zeichnet für Unternehmen und Verlage und hat im Magazin *chrismon* ihre eigene Cartoon-Kolumne. In ihrem Laden-Atelier in Hamburg-St. Pauli verkauft sie gerahmte Cartoons, aber auch online unter: www.maren-amini.de/shop

Henning Christiansen Die Frage, wer zuerst da war – die Henne oder der Henning – ist nicht ganz leicht zu beantworten. Einerseits war das Huhn in meiner Erinnerung immer schon da (zunächst in Form von Frikassee oder Hühnerschenkeln, später mit Estragon bestreut, Knoblauch gespickt oder in Teriyaki-Soße geschmort), also könnte es wohl schon vor mir existiert haben. Andererseits gab es in meiner Jugend ein, zwei Freunde, die Gefallen daran fanden, mich „Henne" zu rufen (ich sollte das eigentlich nicht öffentlich machen). Wenn nun Henning selbst die Henne ist, wäre doch zumindest von einer Gleichzeitigkeit auszugehen, oder? – Morgen reise ich auf ein Eiland (Amrum) und werde darüber ohne Eile nachdenken, wenn ich nicht gerade beschäftigt bin, ein paar bislang ungelegte Eier auszubrüten. Henningchristiansen.de

Tim Feicke Bis ca. 1985 v. C. (vor Cholesterin) hatten wir sechs Hühner. Meiner Mutter lief damals mitten in Hamburg-Altona in der Großen Bergstraße das siebte Huhn als gelbes Küken über den Weg. Wie es dorthin, zwischen die Hochhäuser, kam? Keine Ahnung. Sie nahm es mit, es war sehr zutraulich. Schon bei der Autofahrt lief es über die Arme, es wohnte in der Küche, später verfolgte es meinen Vater beim Umgraben und pickte die Würmer von der Schaufel. Natürlich kackte es mir auf den Kopf. Aus dem Küken wurde ein pompöser Hahn: Walter. Walter wurde wegen seines schönen Gesangs, gern morgens um 5 Uhr, weltberühmt, zumindest in unserer Straße, bei den Nachbarn. Wir brachten ihn an den Rand der Stadt zum Bauern. Dort sah ich den einzigen Hahnenkampf meines Lebens. Der Hofhahn endete nach technischem K. o. im Topf. 1:0 für Walter. Heute hat unsere Tochter noch ein schwarz-weißes Huhn, Angelina, es lebt zur Vollpension bei den Nachbarn.   www.feickecartoons.de

kEI Flemming Der auf einen friesischen Eiland ins Nest gelegte Ei Flemming wuchs dennoch in Hamburg auf, wo er sich flugs in Kai umbenannte, was er den ernsten Absichten, ein Komiker zu werden, zuträglicher fand. Heute fährt er gern in und um den Hühnerstall Motorrad und zeichnet für den „Hamburger Strich". kaiflemming.com

Huse Erst wenn die Suppe sich warm in die erkältete Bauchhöhle schmiegt, sind Mensch und Huhn vereint. Vielen ist das Huhn allerdings auch eierlei. b-ciesinski.com

Dorthe Landschulz Als Kind hatte ich, abgesehen von Chicken Nuggets, eher wenig Kontakt zu Hühnern. Meine ersten zarten Versuche der Annäherung an diese Tiere auf einem Bauernhof kommentierte der Bauer mit dem Satz: Mit Essen spielt man nicht. Auch in den folgenden Jahren blieb meine Beziehung zu Hühnern eher distanziert und hatte meistens einen kulinarischen Hintergrund. Nichtsdestotrotz sind mir Hühner sehr sympathisch. Ich bezweifle jedoch, dass es ihnen umgekehrt genauso geht. Facebook.com/EInTageinTier

Til Mette Mein erstes Erlebnis mit einem Huhn war eines mit einem Hahn. Er war der Hahn auf dem Bauernhof meiner Oma. Während eines Sonntagsbesuchs biss er meinem kleinen Bruder ins Ohr. Blut floss, großes Geschrei. Abends gabs Huhn, äh ... Hahn. Alle waren wieder happy. www.tilmette.com

Jan Rieckhoff Als im Tierkreiszeichen Huhn Geborener habe ich den Aszendenten Hahn, mein Element ist die Luft und mein Planet das Ei. Nichts macht mich glücklicher als Körnerfutter und Gruppendynamik, dann bin ich ein friedlicher Geselle. Wir Huhn-Geborenen gelten zu Recht als perfekte Unterhalter. Wir gackern ununterbrochen und hören ungern zu. Eigenschaften wie Pünktlichkeit (jeden Tag ein Ei) und Großzügigkeit (sonntags auch mal zwei) zeugen von hoher seelischer Reife. Das Sternzeichen gilt als kultiviert und intelligent. Sogar blind finden wir noch Körner. Wir haben ein geduldiges Wesen (suchen), große Freude an produktiver Betätigung (ausbrüten) und lieben die Bewegung (scharren). Ein Vortrag über eine Legehennenbatterie, ein Ausflug ins Freigehege oder auch mal zum Hahnenkampf, so sieht ein perfektes Wochenende aus. illuRieckhoff.de

Tobias Schülert 1990 ging es mit der Familie auf die griechische Insel Korfu. Tolle Strandtage endeten jeden Abend in einer Taverne. Auf dem Hin- und Rückweg, zwischen Apartment und Gastronomie, kamen wir immer an einer Hühnerwiese vorbei. Diverse Hühner, eher dünn und langweilig, pickten die Tage kaputt. Eines war weiß, ich nannte es „Bims". Bims war weiß wie Bimsstein, daher. Eine Woche besuchte ich Bims und brachte ihm jeden Abend Weißbrot mit. In der zweiten Woche fanden wir einen etwa fußball-großen Ochsenfrosch im Graben, er wohnte quasi im Souterrain der Hühnerwiese. Bims war fortan abgemeldet, der Ochsenfrosch, natürlich, die größere Sensation.

Wolfgang Sperzel Die ersten Hühner, die ich im zarten Kindesalter erblickte, waren nackt ohne eine einzige Feder. Sie liefen lautlos auf und ab, blieben immer wieder vor mir stehen, um mich minutenlang anzustarren. Von Panik ergriffen schleuderte ich ihnen meinen geliebten Holzdackel entgegen, was dieses Horror-Szenario schlagartig beendete. Der Aufschrei meiner Mutter riss mich zurück in die Realität und machte mir klar, dass ein Fuß mit Hühneraugen kein Huhn ist. Nach diesem Ereignis beschäftigte mich lange die Frage, ob man denn mit Hühneraugen Zeitung lesen kann. Sperzel.info

Tetsche Bei meinen Hühnern bin ich Hahn im Korb! Da kannst dir 'n Ei drauf backen! Und Ludwig der Bayer hat schon 1322 gepostet: Jedem ein Ei, dem frommen Schweppesmann zwei! Kuckma, der meinte schon mich. Zum Ei des Kolumbus sage ich hier lieber nix! Du weißt schon!!! Doch nun muss ich leider schließen, denn die Post macht gleich zu und ich muss bald mit den Hühnern ins Bett! Eiapopeia machen! Ein fröhliches Kikeriki ... tetsche.de

Miriam Wurster Mich beeindruckt die Intelligenz von Hühnern, die Fähigkeit zu beobachten und dann selbstbestimmt zu handeln. Jedenfalls bei der auf den Kykladen lebenden Henne Iphigenia. Sie wusste, wie es lief. Eines Tages war sie verschwunden, man dachte, vielleicht ist sie überfahren worden oder wurde vom Marder geholt. Iphigenia kehrte jedoch nach einigen Wochen zurück, mit einer Schar flauschiger Küken. Wurster-cartoon-blog.de

Herausgeberin und Herausgeber

Eva Christiane Wetterer Ich bin in Hamburg-Osdorf aufgewachsen, einem ehemaligen Dorf, in dem es noch große Höfe und viel Feldmark gab. Hühnern begegnete ich trotzdem nur in der Küche, wenn meine Mutter sie zerlegte und meine Schwester an der Sehne der abgehackten Hühnerbeine zog, um mich zu erschrecken. Die Krallen bewegten sich, und ich aß kein Huhn bis ich erwachsen war. Vom Hahnenschrei geweckt wurde ich Jahre später, als ich mit meiner eigenen Familie in einem 200-Seelen-Dorf eine Kate bewohnbar machte und das Dorfleben lieben lernte. Nebenan saß der Hahn auf dem Mist, die Hühner lagen gern im Sandweg zwischen den Häusern, die Kinder holten frische Eier vom Bauern und gaben den Hühnern Namen. Das Idyll endete einst, ebenso wie zuvor schon die Hühnerleben. ecwetterer.de

Klaas Jarchow Unsere Familiengeschichte ist sowohl mütterlicher- als auch väterlicherseits eine mit Hühnern. Mal braun, mal weiß. Das zog sich dann auch politisch durch. Doch allmählich nahm der Einfluss der Hühner ab. Es kamen die Autos und die Schiffe. Die Schiffe bekamen manchmal noch Tiernamen, einmal sogar einen Vogelnamen. Inzwischen kräht sogar wieder ein Hahn in der Nachbarschaft. Und wir bei KJM machen die Bücher dazu. Wegen der Hühner.

Astri, Anna Kaya und die Hühner

Tobias Schülert ist Mitglied im Hamburger Strich (s. S. 203) und Mitarbeiter des KJM Buchverlages.

Quellen

Die Cartoons stammen von den CartoonistInnen des Hamburger Strich

Tetsche   2, 8, 120, 123, 146, 147, 148, 149
Tobias Schülert   7, 44, 67, 108/109, 165, 169
Til Mette   9, 194, 195, 206
Dorthe Landschulz   32/33, 50, 51 (unten), 122, 132
Kai Flemming   41, 46, 48, 49, 133
Huse   42, 51 (oben)
Tim Oliver Feicke   43
Henning Christiansen   47, 119, 196
Miriam Wurster   78/79
Wolfgang Sperzel   121
Jan Rieckhoff   134, 135
Maren Amini   143

Abbildungen

Seite 12: Manfred Richter / pixabay.com
Seite 20/21: Alexas_Fotos / pixabay.com
Seite 22/23: Bernhard Falkinger / pixabay.com
Seite 24/25: Alle Wappen stammen von wikipedia.de und sind gemeinfrei;
        gesondert zu nennende Urheber: Finsterhennen, Aliman5040;
        Domsure, Zozoens; Kaltennordheim, Erik Thuermer
Seite 31: ayutaka / istockphoto.com, Datei-ID 1141821881
Seite 45: James Basire: Das orphische Ei (Holzschnitt, 1774),
        commons.wikimedia.org
Seite 58/59: Enrique / pixabay.com
Seite 60: Melani Marfeld / pixabay.com
Seite 61: Jasmin777 / pixabay.com
Seite 62: Andy M. / pixabay.com
Seite 63: Andrea / pixabay.com
Seite 64: Melani Marfeld / pixabay.com
Seite 65: Andy M. / pixabay.com
Seite 66: Manfred Richter / pixabay.com
Seite 74/75: rihaij / pixabay.com
Seite 76/77: Cindy Parks / pixabay.com
Seite 87 oben: PublicDomainPictures / pixabay.com
Seite 87 unten: Emilian Robert Vicol / pixabay.com
Seite 88/89: Gerd Altmann / pixabay.com
Seite 90 oben: Andy M / pixabay.com

Seite 90 unten: Anja / pixabay.com

Seite 91 oben: Richard Galapate / pixabay.com

Seite 91 unten: Elsemagriet / pixabay.com

Seite 93: Gallo di Ramperto, it.wikipedia.org, Urheber: RobyBS89

Seite 94: Peter Seitz, antike-repliken.de

Seite 96–101: Moreno Monti, Matteo Tranchellini: Hühner – eine Liebeserklärung,
    teNeues, Kempen 2020

Seite 130 oben: Dzo Lamka, Natur Tattoo Majster
    Mitte links: Tattoo Nbeyond
    Mitte: Marco, Black Cat Tattoo
    Mitte rechts: Mia Silke Strothotte, Mia Lifestyle

Seite 131: Maui Meherzi, Opus Magnum

Seite 144: Karin Lurz, Regula Meyer: Krafttiere und ihre seelischen Botschaften,
    Kiel 2017

Seite 156: Driftlessstudio / istockphoto.com, Datei-ID 480622507

Seite 157: Driftlessstudio / istockphoto.com, Datei-ID 480622509

Seite 158
    oben: Francis Barlow: Häuslicher Hahn, Hühner und Küken / pixabay.de
    unten links: Mosaik in der Apsiskalotte der Basilika San Clemente, Rom,
    commons.wikimedia.org, Urheber: Jastrow
    unten rechts: Melchior d'Hondecoeter, Hühner und Enten (Detail),
    de.m.wikipedia.org

Seite 159, von oben
    Gustav Klimt, Garten mit Hühnern, de.m.wikipedia.org
    Pretty Sleepy Art / pixabay.de
    Janet Gooch / pixabay.de

Seite 160, oben: Hendrick Goltzius, Mercurio, commons.wikimedia.org, Urheber:
    Sailko; unten: Tintengefäß von Viterbo, etruskisches Artefakt 7. Jahrhundert
    v. Chr., wikipedia.de

Seite 161 links: Ansichtskarte, Jo Justino / pixabay.de; rechts: Berliner Fibel
    (ca. 1750), aus: Karl Hobrecker, Alte vergessene Kinderbücher. Berlin 1924

Seite 162–164: Rebel Art Gallery

Seite 166: Heinrich Vogeler, Illustrationen zu Brüder Grimm: Kinder- und Hausmär-
    chen. Leipzig 1907

Seite 170/171: Deutsches Geflügelmuseum, www.thueringen.info/viernau-
    gefluegelmuseum.html

Seite 177: Erik_Karits / pixabay.de

Seite 184–191: Bund Deutscher Rassegeflügelzüchter e. V.

Textquellen und weiterführende Hinweise

Für die meisten Texte wurden mehrere Quellen herangezogen, auch wenn hier beispielhaft oft nur eine genannt ist.

Seite 26 **Das Huhn** Haushuhn, Wikipedia
de.wikipedia.org/wiki/Haushuhn
Weltbestand der Hühner Hühnerbestand weltweit, Statista 2020
de.statista.com/statistik/daten/studie/28766/umfrage/huehnerbestand-weltweit-seit-1990/
Hühner sind schlau Das Huhn – 10 faszinierende Fakten über Hühner, Tierrechtsorganisation PETA   www.peta.de/themen/huehner/

Seite 27 **Der Hahn und die Leithenne** Jedem Huhn seinen Platz, TierWelt
www.tierwelt.ch/artikel/geflugel/jedem-huhn-seinen-platz-406767
Hühner gackern mit ihren ungeborenen Küken
Das Huhn – 10 faszinierende Fakten über Hühner, Tierrechtsorganisation PETA
www.peta.de/themen/huehner/
Echte Persönlichkeiten Hühner zeigen Charakter, TierWelt
www.tierwelt.ch/artikel/geflugel/huhner-zeigen-charakter-404899

Seite 28 **Die Sprache der Hühner** Lautsprache der Hühner, HühnerHaltung
www.huehner-haltung.de/haltung/verhalten/lautesprache

Seite 29 **Die Farben der Eier** Welche Farben gibt es?, Huehner-Hof.com
www.huehner-hof.com/wissen/legeprozess/huehner-eierfarbe-bunte-eier-welche-farben-gibt-es/

Seite 30 **Brutstätte Vulkan** Eine Wanderung zum seltsamsten Vogel der Welt,
Die Welt www.welt.de/reise/Fern/article227517349/Papua-Neuguinea-Das-Bismarckhuhn-der-skurrilste-Vogel-der-Welt.html

Seite 42 **Am Anfang war das Ei** Finnische Mythologie, Wikipedia
de.wikipedia.org/wiki/Finnische_Mythologie

Seite 43 **Was war zuerst?** Nach der Henne das Ei, Süddeutsche Zeitung
www.sueddeutsche.de/wissen/biologie-evolution-huhn-ei-1.4503132

Seite 44 Mythos Ei Elke Böhr: Das Ei in der griechischen und römischen Antike, academia.edu www.academia.edu/36145126/Das_Ei_in_der_griechischen_und_r%C3%B6mischen_Antike
Weltenei, Wikipedia de.wikipedia.org/wiki/Weltenei

Seite 45 Das Eierorakel A. Bastian, Beiträge zur Kenntniss der Gebirgsstämme in Kambodia. In: Zeitschrift der Gesellschaft für Erdkunde zu Berlin, Berlin 1866, S. 41 www.google.de/books/edition/Zeitschrift_der_Gesellschaft_f%C3%BCr_Erdkun/FjBRAQAAIAAJ?hl=de&gbpv=0 Eierorakel, Wikipedia de.wikipedia.org/wiki/Eierorakel
Begleiter in die Ewigkeit Elke Böhr: Das Ei in der griechischen und römischen Antike, academia.edu www.academia.edu/36145126/Das_Ei_in_der_griechischen_und_r%C3%B6mischen_Antike

Seite 46 Das Ei des Kolumbus Ei des Kolumbus, Wikipedia de.wikipedia.org/wiki/Ei_des_Kolumbus

Seite 92 Verkünder des Lichts Warum krähen Hähne bei Sonnenaufgang?, SWR Wissen www.swr.de/wissen/1000-antworten/warum-kraehen-haehne-bei-sonnenaufgang-100.html
Jesus und der Hahn Bibel, Neues Testament, Matthäus 26,34 und 26,75

Seite 93 Hahnenkampf und Haushuhn Huhn, Fandom, Mittelalter-Wiki mittelalter.fandom.com/de/wiki/Huhn
Der Wetterhahn Wie der Hahn zum Kirchturm fand, Katholische Sonntagszeitung www.katholische-sonntagszeitung.de/Im-Blickpunkt/Wie-der-Hahn-zum-Kirchturm-fand-Freitag-13.-Juli-2018-10-30-00
Jacob und Wilhelm Grimm: Deutsches Wörterbuch, Band 29, Spalte 730 woerterbuchnetz.de/?sigle=DWB#1

Seite 94 Sokrates und der Hahn Sokrates, Wikipedia de.wikipedia.org/wiki/Sokrates
Götterbote mit Hahn Hermes. Ein vielgestaltiger Gott der Antike, Schweizerische Gesellschaft für Symbolforschung www.symbolforschung.ch/files/pdf/Masciadri_Merkur.pdf

Seite 95 Der Riese Der größte Hahn der Welt, Mann.TV www.mann.tv/freizeit/der-groesste-hahn-der-welt-nein-das-ist-kein-mann-in-einem-huehner-kostuem
Hahn auf dem Scheiterhaufen Vom Suchen und Finden: Der eierlegende Hahn, Blog des Staatsarchivs Basel-Stadt blog.staatsarchiv-bs.ch/vom-suchen-und-finden-der-eierlegende-hahn/

Das Zeichen Hahn im chinesischen Horoskop
Chinesische Astrologie, Wikipedia de.wikipedia.org/wiki/Chinesische_Astrologie

Seite 112 Das Huhn in den Sozialen Medien Instagram, Stand 6. März 2022
Am häufigsten verwendete „huhn"-Hashtags auf Instagram displaypurposes.com

Seite 113 Meldepflicht für die Halter von Einhufern, Klauentieren und Geflügel
Tierhaltung registrieren lassen, Serviceportal Hamburg
serviceportal.hamburg.de/HamburgGateway/Service/Entry?id=RTierH&location=02
0000000000

Seite 114 Das Tierschutzgesetz und die artgerechte Haltung Tierschutz, Bundes-
ministerium Ernährung und Landwirtschaft
www.bmel.de/DE/themen/tiere/tierschutz/tierschutz_node.html
Tierschutz-Nutztierhaltungsverordnung, Wikipedia
de.wikipedia.org/wiki/Tierschutz-Nutztierhaltungsverordnung
Impfpflicht für Hühner Impfpflicht bei Newcastle Disease, Landwirtschaftskammer
Niedersachsen www.lwk-niedersachsen.de/lwk/news/36789_Achtung_Impf-
pflicht_bei_Newcastle_Disease_ND_bei_H%C3%BChnern_und_Puten_auch_in_
Kleinstbest%C3%A4nden_Trinkwasserimpfungen_sind_auch_f%C3%BCr_
Kleinsthalter_verpflichtend_und_verf%C3%BCgbar
Hühner im Altenheim Glückliche Hühner, glückliche Seniorinnen, WDR
www1.wdr.de/nachrichten/rheinland/huehner-seniorenheim-aachen-100.html

Seite 115 Ein Huhn auf dem Großstadtbalkon
»Wir sind hier überflutet worden mit Hähnen«, Der Spiegel
www.spiegel.de/panorama/gesellschaft/tierheime-waehrend-corona-wir-sind-hier-
ueberflutet-worden-mit-haehnen-a-e1c602bb-a04d-48c0-ab21-d72a64d7dd15

Seite 116 Moorhuhn-Mania Moorhuhn (Spieleserie), Wikipedia
de.wikipedia.org/wiki/Moorhuhn_(Spieleserie)

Seite 117 Die Hühner und was sie für uns tun Einteilung der Hühnerrassen nach
ihren Eigenschaften, HühnerHaltung
www.huehner-haltung.de/huehnerrassen/kategorien/
Deutsches Geflügelmuseum Deutsches Geflügelmuseum, Thüringen
www.thueringen.info/viernau-gefluegelmuseum.html

Seite 118 Nachname Huhn
Huhn, Forebears forebears.io/de/surnames/huhn

Seite 144 **Krafttier Huhn** zitiert aus
Karin Lurz, Regula Meyer: Krafttiere und ihre seelischen Botschaften, Kiel 2017

Seite 145 **Hühnerschlagen** Kapparot, Wikipedia
de.wikipedia.org/wiki/Kapparot
Schnell bei der Hand und seetüchtig
Andrew Lawler, »Why Did the Chicken Cross the World?«, New York 2014
Tieropfer bei Epilepsie Isidor Scheftelowitz: Das stellvertretende Huhnopfer. Mit
besonderer Berücksichtigung des jüdischen Volksglaubens (Diss.), Gießen 1914
archive.org/details/religionsgeschic14berluoft/page/n3/mode/2up?view=theater

Seite 168 **50 n. Chr.** Lucius Iunius Moderatus Columella, Wikipedia
de.wikipedia.org/wiki/Lucius_Iunius_Moderatus_Columella

Seite 197 **Hühnersuppe** Suppe als Medizin bei Erkältung und Müdigkeit, Schweizer
Kneippverband kneipp.ch/suppe-als-medizin-bei-erkaeltung-und-muedigkeit

Softcover, 100 Seiten,
19,5 x 22,5 cm,
15,00 € (D),
ISBN 978-3-96194-156-8

100 Cartoons über Fische und andere Meerestiere
und über uns

ULF KRÜGER

FISCH GESTRICHEN !

CARTOONS DES MIT ABSTAND BESTEN
UNBEKANNTEN CARTOONISTEN

KJM

Softcover, 120 Seiten,
19,5 x 22,5 cm,
18,00 € (D),
ISBN 978-3-96194-163-6

»Er war schon auf unserer Kunstschule
Lehrmeister und Vorbild.«
Otto Waalkes

Hardcover, 128 Seiten,
20,5 x 23,5 cm,
16,00 € (D),
ISBN 978-3-96194-098-1

Hardcover, 120 Seiten,
20,5 x 23,5 cm,
16,00 € (D),
ISBN 978-3-96194-155-1

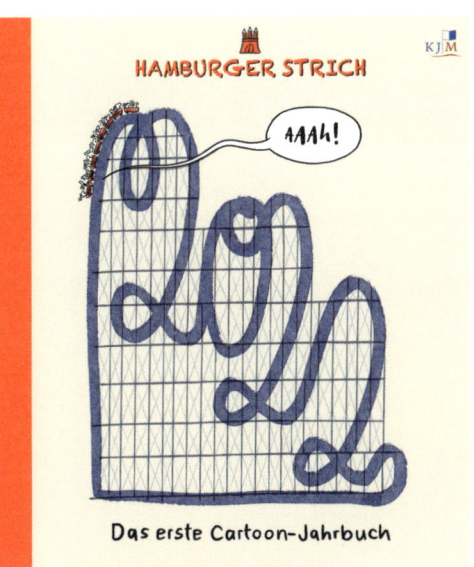

Softcover, 136 Seiten,
20,5 x 23,5 cm,
20,00 € (D),
ISBN 978-3-96194-179-7